JN439189

소통의 창

손미경 수필집

교음사

| 책 머리에 |

가을이 저문다

뒤돌아보면 문학은 내 삶의 숨구멍이다. 뿐만 아니라 하느님과 비할 바는 아니나 나의 외로움을 대신해 주었고, 고독을 달래주는 치유의 문학이다.

15년 만에 2번째 수필집을 발간하게 되어 기분이 남다르다.

남들이 모르는 어마어마한 일들을 겪고 또 강을 건너 험한 골짜기를 헤매기 14년. 글을 쓰지 못했던 필자는 죽을 만큼 가혹한 세월을 감내했다. 이제야 정신이 드는 듯하다. 비로소 쉼 없이 글을 마구 토해낸다.

이 책은 나의 삶이자 치부이며 애환이 담긴 글이다. 민낯을 온전히 드러내어 부끄럽다. 겸손한 마음으로 이 글을 낳는다. 나의 인생을 그들의 잣대로 평가하지 않기를 빈다. 삶의 여정이 얼마나 험하고 고독하고 외로운 길이었는지 아무도모를 일이다. 어느 작가는 '언덕은 내려다 봐도 사람을 내려다 봐선 안 된다.'라고 했다. 지인들이 생각 없이 툭 내뱉는 말을 들었을 때 그 짧은 한마디는 고통이었다.

결과와 이유가 어떻든 인정하며 나에게 주어진 삶에 최선을 다했다. 허물 많은 어미 품에서 힘듦을 견디고 당당하게 잘 버텨준 두 아들에게 진정 고맙다. 그리고 미안하다.

인생길에 사람답게 산다는 것은 나로서는 고통이었다. 뒤돌아보니 하루하루 견뎌온 날들이 꿈속을 헤맨 듯하다.

필자에게 관심은 감사하지만, 있는 그대로 봐주면 좋을 듯하다. 나부터 먼저 배려해야겠다. 잘난 맛에 살지만 주변도 돌아볼 줄 아는 사람이면 얼마나 좋을까? 따뜻한 마음을 가진 그런 이로 기억되고 싶다. 다시금 글을 쓸 수 있는 평화가 깃들었다. 모든 것을 내려놓자 해방된 기분이다. 두 번째 수필집은 나에게 축복이다.

하느님께 모든 영광을 돌립니다.

2019년 저문 가을날

저자 손미경

손미경 수필집

소통의 창

- 차 례
- 책 머리에

1. 뿌린 대로 거두는 것을

2. 그리운 그 향기

3. 소통의 창

4. 기억의 조각

5. 사색의 숲

1부

뿌린 대로 거두는 것을

침묵의 봄

안주하고픈 유혹이 들어올 때면 절망 속을 헤맬 때의 암담한 일들이 멍하게 떠오른다. 넘어져본 자만이 일어날 수 있는 법을 배우고, 둥지 밖으로 밀려나온 새만이 하늘을 날 수 있다고 어느 작가는 말했다.

혼탁한 세상 안에서 자아를 우뚝 서게 하는 고상한 꿈은 나에게 사치스런 욕망에 불과한 삶임을 잘 안다. 변변찮은 내가 혼자 거대한 세상과 맞서려니 살 길이 참 막막했다. 지아비의 부재는 침묵뿐 홀로 세상과 회사를 상대로 싸우기란 바위에 계란치기의 격이었다. 비참하고 착잡한 심경을 웃음으로 변장하여 의연하게 버텨왔지만 문득 문득 밀려오는 감정들을 억제하기란 쉽지 않다. 물기 어린 눈으로 자신을 다시 추슬러 그들이 보는 앞에서 보란 듯이 꿋꿋이 당당하게 좀 더 나다운 모습으로 살고자 한다.

명분도 없이 헤매다가 여기까지 왔는데 어찌해야 삶을 윤택하게 살 수 있을지 고민이다. 두려울 것이 무엇이 있으리오.

무심히 지나치던 시장 바닥 좌판대의 물건들을 물끄러미 바라보며 부끄러운 날들을 떠올렸다. 다시 초심으로 돌아가 허리띠 질끈 동여매고 본연의 자세로 마음 밭을 옥토로 경작해야겠다.

행여 내게 지나간 몇 년보다 더 아프고 힘든 일이 일생 두 번 다시 닥칠 일은 없으리라. 나 이제 무엇을 두려워하리? 이리 살면 될 일인걸. 빛도 없이 어둠속을 헤매던 때가 있었으나 나는 그 빛을 잃지 않았다.

화려했던 과거는 추억일 뿐 한 줄기 바람마저도 다 헛되고 헛된 부질없는 것. 그 상흔과 회한들을 떨치기란 어디 그리 쉬운 일이겠는가? 누구나 지울 수 없는 아픔 하나쯤 가슴에 묻고 산다지. 과거를 잊고자 애를 써 봐도 멍울진 가슴만 저릿저릿 씁쓸해 오는 까닭은 왜 일까?

홀어미로 산다함은 모성애가 아니고서는 불가능한 일이다. 자식을 키우는 어미로서 느슨하게 헛되이 살아서는 안 됨을 여느 어미도 다 안다. 허나 어떤 일이 닥쳐도 상황에 흔들리지 않고 세상과 맞부딪치기 호락호락하지 않았던 아득한 생, 갈팡질팡 위기가 닥쳐

올 때 두 아들은 나에게 삶의 전부이자 희망의 등불과 같은 큰 존재 그 자체이기에 이 자리에 단절된 삶으로 칩거하고 있다. 엄마의 존재는 그 강한 바람에 또 꺼져가는 촛불을 꺼뜨리지 않으려 안간힘을 쏟으며 자식이란 끈으로 버티어지는 것이었다.

스물두 해 동안 누구의 아내인 포로로 살았으나 그 멍에를 이제 내려놓는다.

가난과 부(富) 양면성이란 내 경험으로 참 아이러니하다. 사람들은 비합리적이고 비논리적이며 자기중심적이다. 수단과 방법을 가리지 않는다. 상대를 짓밟고라도 부를 쟁취하려 전쟁 아닌 전투를 해댄다. 겉모습으로 사람을 평가하고 판단을 한다. 과연 옳은 일인지, 의롭고 청빈한 가난은 외면당하고, 미움을 받고, 바보 취급을 당하는 시대적인 병폐는 굉장히 모순된 일이 아닐 수 없다. 세상이 뭐라 해도 나는 나답게 올곧은 길을 걷는다.

나에게도 삶이 윤택하고 화려했던 지나간 꽃 같은 시절이 분명 있다. 일생 중에 활짝 피어난 봄꽃 같은 시절이 그리 많지 않다는 것을 이 봄에 깨달아지는 것이 적잖은 나이여서 그러한가 싶다. 회간춘풍일면화(回看春風一面花)라는 시 구절이 알싸하게 맘을 시리게 한다. 화창한 봄날 같은 시절도 다 가고 열심히 산다고 살았건만 열정과 영매(英邁)했던 그 기상은 다 어디 가고 나 여기서 머물러 칩거를 하고 있는지. 바람결이 내 가슴을 후려치며 스치고 지나간다.

봄바람이 불면서 꽃님의 반란인가 고요히 정체된 가슴이 비로소 요동을 친다. 텅 빈 맘 안에 바람소리와 꽃향기로 가득 채우면 봄날 그리움으로 지친 여인의 맘이 좀 고요해질 터. 귀를 막고 평범하게 지금처럼 외로움도 감미로이 즐겨야겠다. 가난하여 모든 이로부터 외면당해도 참회와 고행의 길 가고자 한다.

바보로 살다 보면 비우지 않으려야 않을 수가 없다. 부귀영화, 희로애락, 홍청망청 등 세상 속의 그 무엇으로도 내 안을 채울 수가 없었다. 끝이 없는 그 허허로움과 외로움을 비우고 또 비워 내려놓으니 비로소 겸손이 나를 안온하게 찾아왔다. 궁핍한 현실은 부지런해야 했고 포기하는 법과 비우는 훈련을 해야 했다. 오만도 미움도 위선도 다 부질없었다. 많은 이들의 무성한 동정심마저 비굴하게 왕왕대고 내가 설 자리가 없어졌다. 나의 행복을 위해 입 다물고, 귀 막고, 눈멀어 더더욱 태연하게 능동적으로 바꿔야 내가 살수가 있었다.

"다 내 탓이요"라고 파렴치한 나였노라고 인정하자 몸을 낮추고 자아는 점점 낮아져 차라리 가난해서 행복하구나!라고 외치고 싶은 심정 무덤덤하다. 내게 극적인 방향전환이 있을 리 만무하건만 포기하는 삶을 터득하지 않았다면 지금의 나는 존재하지 않는다. 무성한 입소문 끝에 죽은 자는 말이 없다. 묵묵히 살다보면 묻혀버린 진실도 밝혀질 날이 올 것이다. 다 내 운명이요 팔자라고 했던가.

뿌연 안개로 뒤덮여 사방이 앞뒤 구분도 안 되는 캄캄한 현실, 척박한 숙명을 의연하게 온몸으로 인정하려 애쓴 흔적이 요만큼이다.

혼자라는 이유로도 비참해지고 부끄러우며 초라한 자신을 감당하기가 진정 버거운 일, 가난한 과부의 심정을 그 누가 알겠는가? 뿌린 대로 수확하고 이제 눈물을 거두고자 한다. 위로의 한마디와 한 줄기 햇살 같은 말이 있는가 하면, 어떤 이는 날카로운 화살보다 더 아픈 비수로 아무렇지 않게 가슴을 후벼팠다. 다 자기 관점에서 이러쿵저러쿵 소문만 무성했다. 불편한 질책이 가해지자 마음은 찢어질듯 아파왔고 설움과 다양한 시선들로 몇 년간은 버거운 사투의 시간들, 그 누가 내 맘 알 수 있으리오. 젊은 날 준비 없이 미망인이 된 자들만이 알 수 있는 일이며, 벼랑 끝에 내몰린 절박하고 서러운 아픔이며 공감할 수 있는 미망인들의 몫임을, 세상 누구에게도 위로받지 못했다.

슬픔 속에 경제적인 것까지 엎친 데 덮친 격으로, 모래 위에 집 짓고 산 어리석은 사람처럼, 잉망진장 산산조각이 되어 핵폭탄 맞은 듯 풍비박산이 되어버린 가정. 뒤돌아보니 기억조차 싫다. 눈물을 닦아 주기는커녕 사방에서 수근수근. 친족들에게 마저 외면당해야 했던 쓰라림은 눈을 감는 그 순간까지 어찌 잊을 수 있으리오. 정수리에 대못을 박듯 찌르던 뼈아픈 일침을 죽는 날까지 나는 잊지 못한다.

그와 함께 했던 삶의 끝은 비참하게 내동댕이쳐진 위기의 삶. 고인이 다니던 그 큰 회사로터 땡전 한 푼 위로금조차 못 받은 가엾은 그의 짧은 생. 우리들의 존재는 직장동료들로부터도 도움은커녕 내동댕이쳐져 유족으로서의 권리마저 박탈당했던 그 일들을 잊을 수가 없다. 부자가 왜 부자가 되는지를 조금은 알게 된 엄청난 교훈이며 큰 깨우침이다. 상대를 짓밟고 넘어트리고 속이기도 해야 승리자가 부를 누린다는 사실을, 정직한 삶으로는 절대로 부자가 될 수 없는 세상사의 이치를 이제야 알다니. 이 바보!

안간힘으로 발버둥 쳐 봐도 소용없었다. 지나간 몇 년은 은둔과 고립으로 내 인생에서 가장 슬픈 추위에 떨어야 했다.

배우자를 잃어 방황하고 나의 무지함과 사려 깊지 못한 부족함으로 동반된 고통들은 처참하기 짝이 없었다. 화가 나고 기가 막혀 문득 문득 눈물이 쏟아졌다. 진정 궁핍과 고난이 무언지 눈물 젖은 빵을 먹어 본 자만이 알 수 있다. 험난한 저 산을 넘으면 더 큰 축복이 기다린다고 했다. 바보는 그런 줄 알고 살았다. 아마 큰 보화를 내려 주시리라 믿으며 기꺼이 고난을 감사하게 여기며 묵묵히 걷고자 한다.

미망인의 몫. 슬픈 일이 아닐 수 없다. 함께 했던 가족들이 적이 되어 그 인연들과 등지고 보니 가문이란 용어가 무색할 따름이다. 한 사람으로 엮어진 인연들이건만 추억의 편린들을 떠올리면 혼미 그 자체. 그 슬픔 중에도 혼란과 분노의 씨앗들이 다 내 탓으로 또 다른 죽음의 구렁텅이에 내몰리어 나의 존재는 온데간데없다.

무슨 말로 차마 기막힌 그 날들을……. 다 삭히지도 못하고 자신도 모르게 욱 하고 올라오는 격한 감정들로 편편치 않다. 인고해온 힘든 하루하루들 결코 범상한 마음으로 버티기란 너무도 큰 아픔 그 자체였다. 정신적인 과로와 육체적인 노동까지 소외감이 나를 더 외롭게 했다.

어리석음과 온갖 실수는 영원히 과거 속으로 묻고 용기와 힘을 얻어 내 앞에 열린 미래를 그들이 보는 앞에서 보란 듯이 당당하게 살고자 한다. 한순간 완전히 무너져 혈육들에게 마저 외면당했으나 여자는 그걸 딛고 일어나, 결코 쓰러지지 않고 더 많은 것을 얻어 보란 듯이 살아야 한다. 음지가 양지 되고 양지가 음지 된다고 선조들이 말했다.

초연해지려 노력하며 내 안에 고요히 평화가 깃들 때 비로소 나의 인내와 고귀함이 하늘에 상달되리라 믿는다. (2012)

디딤돌

나락으로 곤두박질하는 절망의 날들. 내가 걷는 인생길에서 앞이 보이지 않는 캄캄한 어둠의 길을 헤매기를 수차례. 빠져나올 수도 없는 어두운 터널을 만나기도 했었지. 그 짧은 인생길에서 견고한 의지의 일관된 삶을 살기란 쉽지 않았다.

고난 없고 슬픔 없는 인생이 어디 있겠냐마는, 극한을 오르내리는 절박한 삶에 다다르다 보면 두려움이 몇 배로 증폭된다. 그 중 가까웠던 지인들이 하나둘 내 곁을 떠나가는 경험은 내게 고통이며 비극이었다. 허와 실의 인간관계가 와르르 무너지는 일들을 겪게 된다. 과연 진정한 벗이 누구인지 그럼에도 인정해야 했다.

고단한 인생길에 시행착오는 늘 있는 법, 미처 알지 못했던 무지한 인생사의 어려운 난관들이다. 안락했던 지난날들의 과오를 겸허하게 받아들인다. 속수무책일 수밖에 없었던 일들 무시로 생을 마감하는 그 순간까지 뼛속 깊이 새겨 매일의 삶에 충직해야 될 것들이다. 사람의 욕심이 어디까지인지? 바다는 메울 수 있어도 사람의 욕심은 죽을 때까지 채울 수 없다고 했다. 돈을 잘 쓰면 사람도 벌떼처럼 따르며 더불어 행복까지 따르게 됨을 나는 잘 안다. 그러나 추락과 동시에 벗들도 흩어진다.

삶 속에 사소한 일에도 쉽게 상처를 입고 상념에 젖는 날이 잦다. 나를 단련하는 훈련을 끊임없이 한다. 지난날들의 남아 있는 감정의 찌꺼기들을 아직 다 비우지 못한 채 애끓는 심정. 자신이 판무덤에 회한이 밀려오기도 하며 헝클어진 삶이 아직 어수선하다.

우리네의 울고 웃는 인생사 가운데 아무 말도 못한 채 예상치 못한 고독한 은신의 삶이 연속이다.

겨울비 오는 오늘 같은 날 긴 침묵으로 나를 다독인다. 쓰디쓴 실패의 쓰라림을 보듬고 담담히 살다 보면 이 또한 흘러가기 마련이다. 절박한 처지를 변명이나 외면, 소리조차 맘껏 낼 수가 없다. 차라리 철저하게 인내로 담담히 인정하며 극복하는 편이 모순이 덜할 터. 심오한 몸부림과 절규로 그 모진 일들이 파노라마처럼 뇌리를 스친다.

자본주의 사회에서 가난하고 작은 여인의 절규엔 귀 기울여 줄

리 없다. 그건 욕심이다. 숱한 파란을 겪으면서 겹겹이 포장된 사람들의 이중적인 모순투성이의 언행에 누구보다도 경험이 많다.

비통의 허물을 주워 담으며 덮어줄 이는 더더욱 없다. 누군가가 측은지심으로 바라볼 땐 태연해지려 애써 보았지만 내 눈엔 이내 그렁그렁. 차가운 시선은 스치고 지나가는 바람결에도 심오한 뜻이 숨어 있으련만 당사자는 장미가시에 찔린 듯 몹시 아파 오열하고 만다.

장성한 두 아들에게 무지한 어미는 훗날 "아들아! 너무 애쓰지 마렴."라고 말하고 싶다.

고요히 아침 해가 솟았다. 무거운 침묵이 가로지른다.

여자의 꿈은 무참히 깨지고 말수가 점점 없어졌다. 속내를 털어놓을 가까운 지인들을 다 잃고 혼자 높은 성을 쌓아 허허로운 맘 달래기를 부지기수. 이미 산산조각이 나고 관계가 다 무너져 아프게 짓이겨 자근자근 밟혔으나 다시금 환하게 웃어 볼 일.

안정된 삶을 살 중년의 나이이자 초로의 노년기에 다시금 옥죄인 사슬을 부여안고 고뇌의 길은 연속이다. 낮아진 이웃을 아무렇지도 않게 잘근잘근 입질이다. 나도 변하고 세상도 변했다. 아우성을 낼 수조차 없이 밟혔던 처참했던 그날들.

비굴한 빈 가슴 부여안고 얼룩진 자신은 까닭 없이 또 다시 몸을 낮춰 숨죽였다.

벼랑 끝에 서 보았는가? 따뜻한 손 내밀어 위로하기보다는 질책과 비난에 정신이 번쩍 든다. 험난한 인생길을 만나 한순간 허물어진 꿈, 건강한 내 마음이 삶에 대한 미련과 애착을 내려놓는다.

함께 눈물짓고 아파해 준 고마운 이웃들, 그러나 과도한 슬픔과 비탄은 비난을 안겨다 주었다.

축 처진 어깨로 지인을 만나면 불편과 회피, 걸림돌로 외면 받는다는 사실을 몸이 반응하고 눈빛이 말해준다. 바보처럼 먼발치에서 또는 가까이에서 외면하는 벗들을 볼 때 한없이 더 작아진 처지. 아하! 그렇구나……. 회피 아닌 외면

언제부터인가 관계 속에서 나는 몹시 작은 존재이자 불편한 존재임을 알고 몸을 더 낮췄다. 홀로라는 이유로도 부끄럽고 설 자리가 없었다. 사소하고 소소한 일에도 섭섭함이 까닭 없이 밀려오기 일쑤.

과거의 삶에 충직하지 못한 결과로 시선은 늘 낮은 곳으로 향해 머문다. 싸늘해진 지인들의 시선을 마주하기가 몹시 두려웠던 때가 있었지. 뭇사람들의 싸늘한 눈빛들, 눈을 감는 그날까지 잊어서는 아니 될 일. 설령 또 한 번 이보다 더 큰 시련이 올지라도 큰 축복이자 선물로 여기리라. 다시 한 번 더 자신을 다독인다.

실패를 통해서 초연해졌다. 고난은 눈물 가운데 디딤돌이자 나와 우리 가정에 주어진 큰 은총이며 축복이라 생각하니 감사함 그 자체

이다. 또한 내일의 축복을 위해서 게으름을 거두어야 했다.

부단한 노력을 할 것이다. 늘그막에 겪는 고통을 위안삼아 기쁨으로 인정하니 또한 행복한 일이다. 상실로 허무해진 처지를 인정해야 했다. 바보처럼 살아도 또 웃을 수 있어야 비로소 큰 기쁨이 안길 것이라는 희망을 꿈꾼다. 낮아진 자신을 모두가 외면해도 일상의 하찮고 작은 것까지도 감사하며 살기가 쉽지 않은 일. 짧은 인생 여정 가운데 죽음 앞에서는 다 헛되고 또 헛된 일. 내가 뿌린 대로 거두며 심은 대로 수확한다는 이치를 그 누가 모르리.

달그락거리는 나의 삶. 긍정의 힘 빌어 유쾌하고 신명난 그런 꿈을 꾸리라. 이 엄청난 축복을 디딤돌로 여기며 또 웃어야겠다.

내 인생의 쓰나미

삶을 이탈해서 뒤엉킨 긴 머리를 풀어헤치고 야심한 밤 인적 드문 산책로로 비를 흠뻑 맞으며 걸었다. 깊고 무거운 사색이다,

외롭고 힘들지만 태연한 척 할 수밖에 없는 현실. 풍선껌을 한 볼따구니 입 안 가득 치넣고 질겅질겅 어금니가 아프도록 씹어댔다. 다디단 단물을 다 빨아먹고 나면 답답하던 속이 왠지 좀 후련해지는 기분이 미묘하다. 현실의 극한을 외면은커녕 저항마저도 부질없었다. 자신의 나약함과 한계를 앎으로 투쟁은커녕 포기함으로 맡긴다는 의미가 더 명확한 대답이다.

여인이기 이전에 엄마의 존재는 한 인격의 주체로 삶의 준엄한 심판대에 선 기분, 말문을 닫아야 했다. 삶의 오류를 만회코자 아

우성 없는 고통을 부여안고 이리 저리 날뛰어도 또 그 자리. 질곡의 삶 극한을 오르내리며 거부할 수도 피할 수도 없다면 차라리 즐기는 편이 더 현명하다는 판단이 옳았다.

자존심을 땅바닥으로 짓밟힌 지는 이미 오래, 방랑과 어떤 제약이란 울타리를 벗어나지 못하고 비명을 질러봤으나 대답 없는 메아리는 부메랑이 되어 돌아왔다. 일상의 대수롭지 않는 작은 일에도 용기가 없어 고개를 숙이며 나약해졌다.

인생 여정에서 고통 가운데 피는 사람의 꽃이 가장 고귀하고 아름답다고 했었지.

어둠을 타고 소나기가 마구 쏟아진다. 하늘이 내속을 알 터, 타는 속을 빗줄기가 속 시원히 씻겨 주는 듯했다. 소금에 절여진 듯 숨죽인 몸과 맘이 말끔히 씻긴 듯 조금 개운하다.

나는 몇 년간 생활고와 슬픔을 이기지 못하여 글 쓰는 작업을 멈춰야 했다. 인생이 즐겁고 안락했었다면 지금처럼 아리고 쓰라린 글을 쓰지 않았겠지.

잠시 시간을 빌어 해질 무렵의 강 언덕을 보러 나섰다. 해질녘 아름답고 한가로운 강마을 언덕에 앉아 장성한 내 아들과 함께 강바람을 맞으며 지난날 이야기 하는 날도 머잖아 오겠지? 기다림으로…….

작고 사소한 것이지만 희망적이고 담백한 내 모습을 간직해야겠다며 다짐했다. 글다운 글도 쓸 줄 모르는 내가 이 같은 글이라도 간절한 마음으로 고무(鼓舞)시키고자 한다.

아무 불안함 초조함 절박함도 없이 잠시 산 아래 강이 흐르는 자연과 함께 경이로운 그 순간 걸음을 멈춰 섰다. 허물 많은 자신을 민들레 홀씨처럼 작아져서 빛처럼 살 수만 있다면 좋겠다고 소망을 빌며 마음을 다잡았다.

해는 저물어 강마을의 운치를 맘에 담아 조용히 발길을 옮긴다. 삶 가운데 견디기 힘든 고통과 어려움이 또 닥쳐도 지조 있는 자아를 지켜야겠다며 옷깃을 여민다.

가끔 부모님도 찾아뵙기도 각자 바쁜 사람들. 나는 부모님도 안 계시고 말할 수 없는 외로움이 밀려올 때 무작정 걷는 버릇이 생겼다. 겸허한 자세로 살아온 날들을 회상하며 예리하게 나를 들여다본다. 비록 가진 재물 다 탕진했다 해도 무언(無言) 가운데 언행이 아들들에게 본이 되는 어미이길 바라는 맘으로 산다면 두려울 세 뭐 있으라.

낡은 몸과 영혼은 내 운명론적인 체념에 맡겨버리기로 하자. 한결 홀가분하다. 나름의 심리적 요법으로 맞대응하는 대담함이 위기를 잘 극복하게 했는지도 모른다. 삶 속에서 하찮은 것에 연연하며 납작 엎드려 살아온 날들이 발등을 찍은 지독한 멍울이 될 줄이야. 겪고 보면 사소한 것쯤이야 한낱 덧없음에 불과함을 알게 된다. 간절히 원해 보지만 세상사는 뜻대로 되는 것 아무것도 없음을. 한낱 미물에 불과한 미련한 인간이라는 걸 깨닫는다.

간접적으로라도 무릎 꿇고 그 상황 앞에 맞서보지 않고서는 삶의 곤욕을 알 턱이 만무하다. 평안히 잠든 야심한 밤에 언제 어느 때 폭풍우가 불고 비바람이 휘몰아칠지 그 누가 예상을 하겠는가? 준비하고 '늘 깨어 기도하라'는 말씀을 자주 묵상해 본다. 행복했던 푸르던 시절을 추억하며 의연하게 살아야 하는 숙명적인 운명임을 인정하며 위안을 삼는다.

동반자로서 단란한 가정이었으나 혼란스러웠던 심경이 어떠했을지 독자들은 짚어낼 법하리라. 절박함을 맛보고 삶의 밑바닥을 살아본 자만이 알 수 있다. 실제로 처해 보지 않으면 고난을 함께 공감하기란 쉽잖다.

사람이 태중에 잉태됨과 동시에 곧 고행이 아니던가. 두 손 불끈 쥐고 으앙~ 응애응애 울면서 태어남과 동시에 세상의 고통을 이미 알고 나오는 지도 모른다. 내가 현세에서 해야 될 일이 또 무엇이 남았는지는 모른다. 매우 궁금하다. 때문에 나는 가련한 이들을 많이 만나 보기도 하며 그들의 내면적 아픔을 누구보다 잘 알며 상처를 보듬어 주며 함께 아파한다. 실제로 외로움과 상실과 좌절의 고초를 겪어 본 자로서 참으로 인생이란 소설이며 드라마 그 자체임을 알았기 때문이다.

곡절 많은 사연을 바람에 훨훨 날려 보내고 난 다시금 또 다른 파국을 진지하게 대비하는 지혜와 슬기를 청해 본다. 누구든지 홀로서기는 나와는 무관하게 아주 멀게 더디올 줄 알았던 미련한 여인이다.

난데없이 일순간 나와 우리 가족들이 겪어야 했던 고초가 마치 잔꾀 부린 해프닝처럼 그렇게 추운 겨울이 훌쩍 지나갔다. 마치 한 편의 허구 같은 내 인생의 치욕적인 치부였으나 그 무엇으로도 정당화될 수가 없었지. 알뜰살뜰 살던 집도 남편도 없어지고 살뜰히 챙겨주던 부모님도 떠나고 모두 다 남이 되어버린 기막힌 내 인생의 쓰나미. 바람은 욕심이며 가난해지면 주변의 모든 정황이 미묘한 바람이 인다. 모두들 몸을 숨기고 내 곁을 떠나게 된다는 사실을 그땐 왜 몰랐을까? 그 씁쓸하고 쓰디쓴 맛을 본 여자의 가슴은 피로 흥건히 얼룩져 진정 혹독했다.

바람이 훈훈하게 불어온다. 마침내 비를 몰아올 듯하다. 움츠리고 있던 마음이 다시금 움틔울 준비를 해야겠다. (2012.『수필문학』)

가을비 내리던 날의 상념

그날도 세찬 비바람이 불었다. 학창시절 교복을 입고 과수원집 울타리를 지날 때마다 과수원집 친구 K가 몹시 부러웠다. 뽀얀 피부에 늘 사과를 책가방에 한가득 가지고 다니며 친구들에게 나눠주던 그 친구. 우리집엔 과실나무와 능금나무가 한 그루도 없었다.

시오리 과수원 샛길로 학교를 걸어 다니던 시절. 어느 날 동생과 나는 비바람에 떨어진 능금을 훔치러 탱자나무 가시를 헤집고 능금밭으로 몰래 들어갔다. 들킬까봐 숨죽여 살금살금, 개 짖는 소리도 들리지 않았다. 남동생은 밖에서 망을 보고 나는 책가방에 주워 담아 흐뭇해하는 동안까지 농장주인은 나오지 않았다. 비에 젖은 능금을 옷에 쓰윽 문질러 한입 베어 물면 느껴지던 새콤새콤한 그 맛을 어찌 잊으랴. 집에 갈 때까지 훔친 사과를 두어 개 먹고 집에 가서 이곳저곳에 숨겨둔 채 엄마 몰래 키득키득거리고 익살스레 먹던 그 맛, 생각하면 할수록 짜릿한 추억이다. 무더위도 조금 누그러지고 길거리 좌판대에 능금이 쏟아져 나올 때면 사랑스런 동생과 함께 장난치던 추억이 둥둥 떠올라 피식 웃음이 터진다.

가을비가 좀 세차게 내리면 능금밭에 지천으로 홍옥. 국광이 빨갛게 떨어져 깔렸었지. 그땐 왜 그리도 그것이 먹고 싶었던지. 오늘 날까지 매일 사과를 먹지만 그때 먹던 능금 맛의 새콤함은 잊히질 않는다. 겉보리 한 되 들고 가면 능금 한광주리 살 수 있었던 수십 년 전의 기억이 아련하다.

빨간 단풍이 비에 젖어 곱다. 담벼락에 붉은 담쟁이넝쿨 모질게 엉겨붙었다. 어둔 하늘에 추적추적 비가 내린다. 지독한 가뭄에 잔잔한 가을비가 염원을 이루어 준 듯 고맙다. 어젯밤에는 갈잎을 밟으며 아파트 뜰을 서성거렸다. 막걸리 한잔하고 싶어 목이 칼칼해 왔다. 김치 한쪽에 주정을 주거니 받거니 받아 줄 이가 없음이 허탈함으로 다가온다. 이리 뒤척 저리 뒤척이다가 쪼그리고 잠깐 쪽잠을 잤다. 낮에는 온갖 소음으로 요란했으나 한밤에는 다들 어느 구멍으로 들어갔는지 인적은 보이잖고 구슬픈 귀뚜라미 소리만 요란하다.

남루한 내 몸 하나하나의 터럭까지 내 공허함을 달랜다. 다 그렇고 모호한 그런 거겠지. 무덤덤 수심이 깊어온다. 변변치 못해 나른히 눈을 감고 앉아 인생을 고요히 관조(觀照)해 사색에 잠겨 볼 일이다. 이 분주한 삶의 초침을 동글동글 펼칠 것인가?

헛된 생각이 들 때 등 토닥여 달래줄 벗이 있으면 삶이 더 풍요로워질 터이지. 동반자가 내 곁에서 야멸치게 응수(應酬)해 주는 이 있다면 일이 쉽게 풀릴 것 같은 여운이 남는다. 속내는 아직 거품이 가득하여 세상살이가 그리 만만치 않다.

가을 끝자락 한걸음 걸을 때마다 숙연해진다. 십일월이 가는 하순에 접어든 늦가을이다. 일상적인 매일의 일들에 감동하고 쓸쓸함은 왜일까. 낮이 짧고 밤은 길어 긴 새벽, 삶의 높낮이를 흐름에 따라 이미 겪었고 아직도 그때라는 것을 왜 모르리.

거리에 비가 와서인지 가을빛이 더 선명하고 색색이 곱다. 이 비가 그치고 나면 낙엽은 다 떨어지고 가을이 훌쩍 떠나가고 더 추워지겠지. 아쉽지만 허공에 날려보내고 겨울을 품어야겠다.

죽을힘을 다해 발버둥치며 살다 보니 기쁜 일이 있어도 주르륵 눈물이 난다. 그 기쁜 눈물은 얼굴로 웃게 되고 해바라기처럼 예쁘지만, 마음이 아파서 흐르는 눈물은 가슴으로 흥건히 내려 얼굴은 잿빛 하늘의 비와 흡사하다.

삶이 뭐 별거 있나 이만큼 견뎌 온 나는 그 어떤 것에도 떨지 않을 것 같다. 삶이 윤택하려면 아름답게 살고자 더더욱 분발해야겠다. 가을이 가는데 나는 왜, 서성이며 바람에 몸을 기댈까? 물음표를 던져본다.

늦가을 내리는 단비가 내 마음을 흠뻑 적신다. 언제나 그랬듯이 거울 앞에 서서 변변치 못하지만 당당해지고자 주술을 건다. 파도치던 가슴은 고요해져 비맞이를 한다. 삶의 무게에 짓눌려 잊고 살았으나 가족의 단란했던 추억이 머릿속에 맴돈다. 더 늦기 전에 가족끼리 가까운 곳에라도 여행을 가고 싶다. 지금이 딱 좋으나 멍하니 지난 세월을 더듬는다. 소중했던 추억이 새록새록 사무치게 그립다. 회한보다 축복의 시간들 속에 매순간 배울 바가 참으로 많았다. 먼지같이 덧없는 인생, 삶이 끝나는 것이 아니므로 "너 잘하고 있어" 하고 자신을 토닥인다. 살아온 날들을 뒤돌아보니 이제 뭐 좀 알 것 같다. 혼자의 삶이 좀 익숙해진 듯하다. 사색을 하면서 남은 삶을 관조해 봐야겠다.

혼자가 외로우면 자연과 더불어 소통하며 살아가는 것이리라. 온갖 파란을 겪은 인생사 생의 진수를 논할 기회도 있으리라. 삶의 고단함을 몸으로 부둥켜안고 가시에 찔리고 손끝이 뭉툭해지도록 내 삶은 남루하지만 그래도 웃어 볼 일이다.

구불구불 구부러진 흙투성이로 살아온 인생사, 반듯한 길을 쉽게 걸어온 사람보다 더 고뇌가 깊었다. 곧 찬 겨울은 다가온다.

사회가 흉흉한 탓인가 가을을 보내자니 심술을 부리는지 하늘마저 축축이 괴기를 부리는구나. (2015.10.시와 산문)

등불

고뇌와 번민 뒤에 고요해진 내안을 들여다보는 시간이 잦다. 허기를 달랠 수 있는 능력도 무엇 하나 감사하지 않은 것 없다. 아름다운 재능까지 주시어 더욱 감사하다. 감사하지 않음은 헛된 욕망과 교만으로 옭아매어 있는지도 모른다. 즐거운 생각과 맘으로 긍정적인 삶을 산다면 부러울 것이 없을 것이다

그러나 인간의 솔직한 본능과 욕구들을 짓누르며 갖은 몸부림을 쳐보지만 체념이 말처럼 그리 쉬운 일이 아니다. 자의든 타의든 구설수에 휘말려야 되는 처지가 부담 백배다. 양어깨를 짓누르는 멍에로 아리고 쓰려 소리소리 지르며 절규하고 싶을 때가 왜 없겠는가. 나답지 못하고 조신한 가면을 쓰고 사는 현실이 때때로 버겁기

짝이 없다.

뭇사람들의 이목을 묵인한 채 꿋꿋하게 오롯이 내 갈 길을 일탈하지 않으려 몸부림을 친다.

삶 속의 고난과 위기는 스승이자 더 나은 내일을 향한 인생의 성취이길. 내공을 튼실히 쌓아 현실을 똑바로 직시하는 안목을 키우는 시련기가 무척 길어 애달팠다. 나를 알고 지원해 주던 가족과 동료 따듯한 이웃이 있는데 무엇이 두렵겠는가.

다 닳아 너덜해진 가슴으로 가족 간의 관계를 반추해 보면 지혜롭지 못한 나였음에 새삼 가슴을 친다. 쓰라린 상처를 보듬고서 꿈마저 무산시킨 한 영혼의 존재가 보잘 것 없다. 다툼과 원망 분노로부터 벗어나 자연인으로 남고 싶다. 그리하여 도를 닦는 기분으로 단단하게 내공을 쌓아 호소력 짙은 글을 뱉고 싶다.

나에게 가족이라는 굴레는 너무도 소중함 그 자체이다. 그 무엇에 견줄 수 없을 만큼 소중하며 이보다도 좋은 건 없다. 여전히 두근거리며 웃음이 피어나는 따스한 나의 집이다. 그러나 나의 바람과 무관하게 노심초사 근심이 짙다. 가까운 친족으로부터 가장 많이 상처를 주고받았으며 그들로 말미암아 웃음과 기쁨을 많이 상실했다. 차마 말하기조차 부끄러운 일이 아닐 수 없다. 그래서 흔히들 이웃사촌보다도 못한 것이라고 하는 것이다. 살면서 누구에게나 한번쯤 겪는 아픔이자 시련기쯤은 다 있게 마련이다. 망망대해 외딴 섬에 고립된 처지가 되어 사는 서글픈 삶, 눈물나게 비참하고 척박하기 짝이 없다. 그 누가 알 수 있으리. 올곧게 산다고 살아왔으나 허상만 남았다. 몇 년이란 시간이 겅중겅중 바람처럼 지나갔다.

무당이 신기가 올라 대를 마구마구 뒤흔들 듯, 세상을 무대삼아 맘껏 재능을 발휘하며 춤추던 여자. 뒤돌아보니 부질없이 다 빼앗기고 신음하며 절규하고 있는 자가 바로 나 자신이었다.

먼지 하나 없는 깨끗한 이른 아침 무거운 눈을 열고 밖을 나섰다. 인생길이 오늘 아침 같으면 좋으련만 신선한 아침 공기를 폐부 깊숙이 꾹꾹 밀어 넣었다. 선선한 아침 공기를 맞으며 우두커니 바람에 떠밀려 어디론가 나섰다.

삶은 쏜살처럼 지나간다. 그러나 하루는 곤하여 몸부림친다. 어느새 내 나이 지천명 중반을 달린다. 따끈따끈한 봄볕에다 젖은 내 안을 말리는 작업을 하고자 한다. 자신의 존재는 온데간데없고 가장이라는 등짐에 짓눌려 엄마는 온힘을 다해 꺼져가는 촛불을 꺼트리지 않으려 갖은 애를 쓴다.

그사이 봄은 저만치 달려가 버렸다. 남아 있는 반평생처럼 가려진 낮달이 걸려 있는 푸른 봄.

저 연둣빛처럼 청초하고 풋풋했던 그 시절, 용감하고 무모했으며 에너지 충만했던 꿈 많던 시절은 가고 없다. 창밖 세상이 너무 환하고 아름답다. 항아리 물속까지 다 아름답고 환하다. 홀로라는 것보다는 자유라는 언어에 더 위안을 얻는다.

바보공주는 여전히 미련한 아쉬움만 애끓는다.

비우고 또 비워 바보가 되어야 산다지만 채워지지 않는 갈증은 그 무엇으로도 쉽지 않다. 힘들다고 아우성치며 하느님께 의지하지 않고서는 불가능한 일이다.

깊은 가슴앓이마저도 사치에 불과하다. 지금 내가 처해 있는 현실을 헤아려줄 이 아무도 없다는 것이 사뭇……. 겉사람인 나는 허허 웃고 있으나 고뇌는 점점 깊어만 간다. 먹고 사는 일이 얼마나 비참한지 겪어보지 않으면 모른다.

누군가와 교감하고 소통해야 숨 쉴 수 있을 것만 같은 숨 막히는 하루하루의 삶. 바쁜 일상으로 에너지는 다 소진되어 지치고 무거운 몸을 이끌어 불안과 근심 미래에 대한 염려를 눈 감고 잊어버리고 싶을 따름이다.

따스한 가슴으로 이웃에게 다가가 보지만 팔 벌려 보듬어 줄 이가 있을 거라면 욕심이요 착각에 불과하다.

이 세상은 냉혹하여 뱀보다도 간교하고 차디차다. 남편의 빈자리가 더 크게 느껴질 때면 말수를 아낀다. 살아오면서 왜 그래야만 했는지? 또 무슨 연유인지? 내 가족은 물론 이웃에게도 언어를 함부로 하지 말아야 될 일이다. 그 누구도 내일 일은 아무도 모를 일

닥쳐봐야 알 일이다. 추억이 짙은 날들을 아카시아 향내 나는 이 봄날 아련히 추억하며 맑은 면경을 보듯 내안의 나를 들여다본다. 지친 하루 눈 뜨면 아침이요 잠자리에 들어서야 비로소 하루에 휴식이니 여인의 삶은 엄마로서 흡족하다. 그 무엇을 욕심낼 수 있는 현실이 아니다.

갖가지 희로애락 가운데 철없는 한 여인도 이제 나이가 들어감에 얼굴에 주름살이 자꾸 늘어간다. 나를 옭아매는 것들을 잠시 접어두고 자아를 하나둘 내려놓는 연습을 해보지만 그리 쉬운 일이 아니다.

끝 모를 욕망에 이끌려 지친 어미는 어디로 가고 있는지조차도 모르고 헤맬 때가 종종……, 그러나 다 닳은 에너지 다시금 기름 채워 불 꺼진 창을 밝히러 가야겠다.

이 좋은 날 갈무리하듯 내 영혼의 양식을 꾹꾹 눌러 담아 일상으로 돌아가 내일을 향해 불 밝히리라.

불편한 진실

지옥과 같았던 시간들이 흘러갔다.

수년을 앓았다. 나는 지금 진정 추구하는 가치 있는 길로 가고 있는지 멍하기만 하다.

내가 걷는 인생길에서 한 치 앞도 내다 볼 수 없는 칠흑 같은 어둠의 길을 헤맬 때가 있었다. 그 매운 갈래길에서 의지대로 일관된 삶을 살기란 쉽지 않았다.

극한을 오르내리는 절박한 삶에 다다르면 잃는 것이 참 많다. 그 중 소중한 이들을 다 잃은 것이 가슴 아프다. 인간관계가 하나둘 무너지는 일들을 참혹하게 겪었다. 알지 못했던 해박한 인생사의 어려운 난관들. 미래를 잘 준비하고 죽음이 다다를 때까지 삶을 놓치지 말아야 할 사항이다. 세상과 부딪치며 사소한 일에도 쉽게 상처를 입어, 나는 마음을 어루만지며 나를 단련하고 또 단련한다. 때론 펑펑 울기도 가무를 즐기기도 하지만 내가 판 무덤에 회한이 밀려오는 우리네의 울고 웃는 인생사가 아니던가. 말도 못하고 끙끙 예상치 못한 고독한 은신의 삶이 연속이다. 홀로 모든 삶을 감당하고 해결해야 되는 몸, 하여 침묵으로 일관한다. 쓴맛 단맛 실패를 보듬고 담담히 살아야 되는 운명. 절박한 현실을 변명 외면조차 할 수 없어 숨이 막혔다. 철저하게 인내로 극복하는 편이 훨씬 더 모순이 덜한 편이므로, 심오한 몸부림과 절규로 담담해야 했다.

이 사회에서 여인의 절규엔 아무 관심이 없다. 숱한 파란을 겪으면서 겹겹이 포장된 지인들의 이중적인 모순투성이의 경험이 짙다.

철저히 혼자가 되어 지내는 현행 방안이 낫다고 판단했다. 냉소적인 비웃음의 시선으로 바라볼 땐 태연해지려 애써 봤으나 작아지기 부지기수, 측은과 꺼림칙한 시선. 지나가는 바람결에도 심오한 진실이 숨어 있겠지.

아들이 있으나 어미의 속을 알 턱이 없다. 어미도 아들들의 속내를 알 수 없었다. 무지한 어미는 부끄럽다. 작아지는 느낌을 저버릴 수가 없다.

심호흡을 크게 하고 "야심찬 너! 그간 고작 산 것이 요거야?"하고 자학을 하기도.

고난의 길이 연속일 때에 지인들은 외면한다는 사실. 먼발치에서 또는 가까이에서조차.

아하! 그렇구나……. 회피 아닌 외면을.

인간들과의 관계 속에서 나는 몹시 부끄러운 존재임을 깨달았다. 홀로라는 이유로, 가난해져서 설 자리가 없어, 사소하고 소소한 일조차 섭섭함이 뼛속까지 파고들었다. 대인을 기피하고 마주하기가 부끄러워 점점 괴로웠다. 다시 용기를 얻어 초심으로 돌아가자고 자신을 토닥토닥.

실패를 통해 초연해지기도 하며 즐겨야 했다. 또한 게으름을 거두어야 했다.

너무 힘이 들어 웃음조차 울기도 기도조차도 버거웠다. 처지를 인정해야 했고 바보처럼 살며 연신 웃을 수 있어야 비로소 견딜 수 있었다. 낮아진 자신을 모두가 외면해도 하찮은 것까지도 감사하며 살기란 쉽지 않은 일. 짧은 인생 여정 가운데 다 헛되고 헛된 일. 내가 뿌린 대로 거두며 심은 대로 수확한다는 이치를 왜 모르리.

달그락거리는 나의 삶. 긍정의 힘을 빌려 유쾌하고 신명나게 살 수 있도록 날마다 도를 닦는다.

두 아들이 어미 곁을 떠나 새 둥지를 틀었다. 마치 풍전등화의 처지가 된 듯 연민의 정을 느낀다. 여지없이 빈 둥지에 혼자 남았다. 엎치락뒤치락이며 긴 밤을 설친다. 온 가족이 모여 앉아 사랑을 쌓던 순간들이 생각난다. 눈물이 핑 돌았다.

소박한 나의 웃음 지난날을 반추하는 날이 잦다. 부유함에서 몰락하기까지의 거리는 단 한걸음에 지나지 않음을 깨닫는다. 15층에서 1층까지 던져지는 건 한순간이다. 찰나의 순간도 경험 없이는 쓰라림을 모른다.

혼란했던 내면에 빗장을 걸어 잠그고 지친 나의 영혼을 위로한다. 실수 하나하나들이 커져서 인생은 송두리째 바꾸었다. 어떠한 처지든 감사하며 살아야 미소를 찾을 수 있다. 뒤돌아보니 추락하는 것은 일순간이었다. 매사 사소한 것들에 소중함을 알았다면 이런 시련은 오지 않았을 터.

사소한 것들의 소중함과 행복을 되새겨 보니 내 마음조차 행복해진다.

처절한 몸부림으로 잔인한 세월은 흘러간다.

모순

견고해지기 위한 주문을 읊조린다. 끝없는 일에 발목 잡혀 사는 잔인한 인생, 나도 가끔은 탈출을 꿈꾼다.

하루하루의 소소한 의식에 행복을 느끼고 또 그 행복으로 내일을 꿈꾼다. 시는 일의 깊이를 가늠할 순 없으나 밤이 이슥하도록 내 안에서 소리 없는 꿈틀거림이 인다.

사람의 향기를 그 어느 곳에서도 맡아볼 수 없는 그런 외딴 곳에 머물고 싶을 때가 종종 있다. 온갖 풀꽃들과 풀벌레 소리가 들리는 곳으로 가서 삶의 현실을 잊고 싶다. 머릿속 무디어진 텅 빈 곳간, 순간 삶의 채찍이 오밀조밀 섬세한 손길로 제자리를 지키고 싶다.

자본이 모든 사람들의 척도가 되어 버린 현실, 소외된 이웃들의 갈증으로 목마른 버거움에 공감하며 마음이 들썩인다. 전전긍긍 헤매며 나약한 몸을 낮추어 숨고만 싶었던 내 안이 고요하다. 널브러진 살림처럼 인정해야 됨을 인식하기까지 쉽지 않았다.

가정이나 사회 어디를 봐도 자본의 무게에 따라 욕심이 오만을 부른다. 누구에게나 발언권이 주어지기도 박탈당하기도. 설 자리를 주지 않는 우리들의 세상적인 모순. 누가 무어라 말하지 않으나 '궁핍한 이가 휘청거리면 꾸짖고 수군수군' 무언의 침묵이 말해준다. 삶이란 그 사람의 행적에 따라 마음의 결이 빚어진다고 옛 선조들은 그랬다. 아무도 판단하거나 가늠할 수 없는 그만이 가지고 있는 고운 결이 빚어지기 마련이다.

살다 보면 어떤 요행이나 하늘의 구원이 있을 것처럼 마치 행운이 올 것 같은 예감이 들기도 한다. 생각할 수 없는 암담함을 체험할 때면 마치 부자의 희생물인 양 침묵으로 고요한 나를 깨운다.

내가 가는 인생길에 여자라는 존재감을 유감없이 드러내고 싶었으나 그 또한 욕심이다. 나이가 점점 들어가면서 온몸으로 느낀 통찰의 깨달음이 내 안을 더욱 견고하게 다진다.

삶을 되돌릴 수는 없지만 사면이 꽉 막힌 듯 아득하던 때가 문득 스친다. 발걸음은 더디고 무디어졌으나 불현듯 그리움의 향연이 모락모락 피어 기분이 썩 괜찮다.

사방은 불야성으로 화려하지만 내가 사는 수련의 과정은 너무 추운 긴 순례의 연속이다. 누추한 곳에는 인적 하나 없다. 적막강산 깊은 산중처럼 정적이 고요하여 마치 수인들의 비좁은 골방에 누운 처지 같다.

늘 겪는 일이지만 나의 안락함과 따뜻한 밥상은 남자와 함께 유배 떠난 지 오래다. 따스한 기운을 느껴 본 기억이 가물가물. 나도 모르게 마음에는 끝내 비가 내린다.

궁극적이 목표가 무엇인지도 잘 모르겠고 현실에 맞닥뜨린 언덕 위의 끝, 가파른 생명의 절벽. 온갖 화려한 네온 빛이 춤춘다. 욕심을 걷어내면 이내 조용해진다. 온몸으로 부딪쳐서 살아 봐야 깨달아지는 것이 잔인하리만치 '만월인 달도 기운다'는 인생의 황혼 길에 치닫는다. 건강한 생각으로 탄력 있는 삶을 살아야겠다.

진실과 정직함이 무엇인지 알 수 없는 일들로 인간들이 다 세뇌되어 가고 있다. 그 달콤함이 무엇이기에 세상은 이토록……. 오합지졸(烏合之卒) 말과 행동이 다른 사람들이 무수히 많다.

술렁이는 바람결이 예사롭지 않다. 어젯밤에는 달빛에 일렁이는 순천만 갈대밭을 배회했다.

스산한 바람결을 안고 어쩌자고 마음이 둥둥 그곳까지 표류했는지 달빛 가득한 갈대숲에서 그 밤 풍상(風霜)의 우렛소리가 나를 항복케 하는 엄중하고도 기이하게 암호를 보내는 듯했다.

홀로 갈 수 없는 그곳에 달은 만조 된 바다 위에서 두둥실 풍경들이 살아 움직였다. 나도 함께 바람이 건네주는 풍문에, 파견된 첩자가 보내주는 소식을 들었다.

늦은 밤 저 한 켠에서 수런거림이 들려온다.

아무런 자취도 흔적도 없이 나는 왜 그곳을 배회했을지 바람은 알고도 남음이다. 밤하늘에 총총히 떠 있는 별들도 소박맞아 집 나온 여인의 가슴을 헤아리듯 늦은 밤 과객을 끌어 안아준 고요한 달밤. 그 밤 무슨 일이 일어난다고 한들 갈대와 달님이 어둠을 가려줄 증인, 바람소리가 잘게 분다. 어스름 속에서 저마다 숨죽인 뻘밭의 생명들도 고요하다. 곧 흰 새벽이 다가온다. 달빛에 갈대도 물결에 몸 맡기고 속삭거린다.

달 밝은 고요한 밤 모두들 잠드는 그 밤에 나는 왜 작은 포구에 서성였을까. 아무도 없는 그곳으로 걸음을 옮겨 좀 쉬어 가고 싶은 심정이 간절했던 터였다.

나루터에는 사공도 없고 달그림자만이 일렁거렸다. 가만가만 갈대들의 술렁이는 소리뿐 세상의 온갖 소리를 잊고 싶은 것이 내 솔직한 심정이었다.

뿌린 대로 거두는 것을

인기척 없는 빈집에 홀로 들어선다. 온종일 꽃들과 시름하며 심심할 틈 없이 바빴다. 빈집 안으로 들어서면 훈기도 반겨줄 이마저 없어 순간 우울함이 밀려온다.

습관적으로 바보상자를 켠다. 텔레비전이 남편이자 자식의 역할을 하는 격이다. TV을 보고 들으며 때론 울기도 하며 깔깔대기 일쑤다.

길을 오가며 고개를 끄덕인다고 해서 다 이웃이 되는 건 아니다. 교우들도 아는 체면에 꾸벅하고 간다지만 좋은 이웃이 되기는 쉽지 않았다. 그저 간혹 웃기도, 습관적으로 스윽 보고 지나친다. 아파트 승강기 안에서 마주치는 눈빛에 인사를 하는 사람이 더 머쓱하다. 이웃은 이웃인데 너는 너 나는 나, 인사를 먼저 하는 이가 이상하고 쑥스럽다. 자신만 아는 몰인정한 사고의 사람들이 놀랍다. 좋은 이웃은 천금보다도 소중하며 베푼 만큼 받는다. 베풂이란 말처럼 쉽지 않다. 우선 머릿속으로 계산을 먼저 하게 되는 경우, 무서운 이기심이다.

위급할 때는 이웃사촌이 자식이나 혈육보다도 낫다. 혹독한 경험을 한 바가 있다. 친구들끼리 두런두런 속마음을 털어놓을 좋은 이웃, 그 벗은 노파가 되어도 외롭지 않는 길동무가 될 것이다. 괘념치 않으나 현대를 살아가는 사회적 환경은 어떠한가? 모순투성이다. 회색빛 사각의 공간에 갇혀 살면서 앞집, 옆집에 누가 기거하는 지도 잘 모른 채 나만 잘 살면 된다는 식이다. 승강기 안에서 마주쳐도 누가 누군지 멀뚱하게 벽만 쳐다보는 모습이 멋쩍다. 이웃은 나 하기 나름이라 했던가.

사람이란 준 만큼 베푼 만큼 받기 마련이다. 손해를 보는 편이 훨씬 편하다. 내 안이 인색하면 좋은 이웃을 두는 것조차 어렵다. 그럴싸한 겉모습, 그럼에도 불구하고 사람은 함부로 알 수가 없는 동물이다.

지금은 고인이 된 그는 걸핏하면 예고도 없이 지인들을 우르르 몰고 집으로 왔다. 숱한 날 주안상을 차려 잔치를 벌였으며 도저히 불감당의 지난날들. 그 외 회사동료들의 술값이며 식사비를 혼자 감당할 때 무던히 괴롭고 혼란했지. 결혼 생활 내내 바보처럼 마구 쓰고 베풀던 그. 까칠한 악역을 했지만 역부족이었다. 손익계산 없이 밥과 술값을 내는데 싫어할 이 있으랴. 그는 유난히 싱글벙글하며 친구들이며 이웃들을 불러들였다. 그 모습을 지켜보는 내내 가슴앓이를 감내해야 했다. '제발 그만해. 된다. 안 된다는 악역을 한 희생의 결과는 가정의 몰락이란 거대한 유산을 안기고 떠났다. 어느 날 뚝 떨어진 가난은 나에게 쉴 수 없는 빈 의자의 역할, 참혹했다. 다시금 이 길을 걸으라면 죽어도 난 못 가리라.

신신당부를 해봤으나 타고난 천성이 착해서였는지 반복되는 일상 앞에 그 사람을 따라 사는 게 녹녹치 않았던 일들이 주마등처럼 스친다. 그의 주위엔 사람 좋다며 참 많이도 들끓었다. 나하기 나름이라지만 좋은 이웃을 두기란 쉬운 게 아니다. 매사에 욕심이 지나치면 일을 그르치듯 먼저 손 내밀고 베풀어야 하고 그래서 뿌린 대로 거둔다는 것이다.

콩 심은 데 콩 나고 팥 심은 데 팥 나는 결과의 진리인 걸.

내키지 않으나 혼자 사는 것 혼밥 찬밥 먹을 때가 가장 싫다. 혼자 해야 할 일을 제외하고는 이웃의 벗이 있어야 외롭지 않다. 시간은 흐르고 사회는 많이 진화했다. 살아 있다는 건 참 아름다운 일이다

독신남 독신녀도 많고 요즘은 돌아온 싱글, 일명 반품된 이들이라고들 하는 돌싱도 많다. 싱글, 졸혼도 많고 점점 홀로 사는 독신

들이 많으나 나는 혼자가 죽을 만큼 싫다. 우리나라 현실은 네 집 중 한 집이 혼자 사는 독신의 인구라니 매우 놀랍다. 텔레비전에서 혼밥, 혼술, 혼영 그런 용어만 들어도 가슴이 아프다. 나를 비롯해 고독하여 이렇게 혼자 죽어도 아무도 모르겠구나. 아하, 고독사가 이런 거로구나 라는 생각이 든다. 젊고 푸른 시절에는 모르나 홀로 사는 노인 인구가 늘어나고 또 싱글로 살기 위한 소형 주택을 선호하는 경향이 늘고 있다니 이 또한 인간들의 이기심에서 비롯된 일이리라. 생각만 해도 외롭고 쓸쓸하여 눈물이 날 지경이다.

늦은 밤 퇴근해서 인기척 없는 빈집에 들어서면 적막강산이 너무 싫다. 찬바람이 불자 나를 비롯해 독신자들의 가슴에 외로움이 가득한 계절로 변해간다. 아직 홀로 사는 것에 익숙지 않고 그 사람이 고프다. 평생 지아비로 섬기며 가까이 하고 싶었으나 욕심이었던 것이다. 곁에 있는 것만 바라봐도 좋았다.

어찌된 일인지 부모와 자식 간에도 믿지 못하는 세상. 불신이 만연한 우리들의 현실, 믿을 놈이 없다고? 부부간도 서로를 신뢰 못 한다니 참으로 요지경일세. 먼저 베풀고 뿌린 대로 거둔다고….

그가 없는 그림자로 나는 홀로 절름발이로 걷는다.

혼자가 아니고 가족임으로 이 길을 끝까지 향기 나는 사람으로 기억될 수 있기를.

(2018. 11)

수치와 모욕

세상 살다보면 부질없는 호감을 사기 위한 웃음을 지어야 할 때도 있다. 물기 없는 야박한 사회에서 그리 해야 될 때도 있으나 다 모순이다. 세상 살아가는 방법도 가지가지. 목울대 세워 큰 목청으로 시선을 모으는 이. 자기 잣대로 사람을 폄하하고 마치 정답인양 떡 주무르듯 하는 도도함은 썩 바람직한 일은 아닐 듯싶다. 무릇 인간은 자기도 모르는 어떤 무의식적인 언행을 아무런 죄의식도 없이 내뱉고 진정성을 잃어가고 있는지도 모른다. 때론 나 자신조차 가늠하기 어렵다. 이렇듯 인간의 본성은 이중성을 띠고 살아가는 아주 간교한 동물이 분명하다.

시선을 끌고자 끊임없는 관심과 온갖 대담함과 몰염치한 행동을 마다 않는다.

진실이 어디까지인지 선을 잃어 추악한 경우도 목격한다. 결국 거짓된 모습은 타인에게 위선과 몰염치를 보여 주는 자로 탈바꿈하고 내면의 진정함은 끝내 수치와 굴욕의 가면을 면치 못한다. 거짓된 증언으로 타인의 사심을 얻으려 안간힘을 쓴다. 예상을 뒤엎는 뻔뻔한 얼굴을 대면하는 지인들을 만나면 곤혹스럽다.

거짓된 언어로 마치 착각을 하며 습관처럼 별것도 아닌 것을 별것인양 기사화시켜 뻔뻔한 얼굴로 착각의 도취를 넘나드는 이웃들이 때론 역겹다. 늘 마치 상대를 세심하게 배려하는 척 눈물을 닦아주며 무슨 기삿거리는 없는가? 귀를 기울이고 탐색전을 벌인다. 곳곳을 돌아다니며 무시로 대단한 뉴스를 찾은 듯 위선의 도를 넘나드는 이웃. 무모한 언행이며 거짓 증언의 행위를 그들 자신은 모를 일이다. 언제부터인지 홀로 음악을 청취하며 복음 말씀에 심취해 본다. 홀로 머무는 나의 작업공간이 천국이요 좋은 은신처이며 피난처기에 고난 중에도 평안했다. 그러나 어떤 나그네가 달콤하게 이런저런 속삭임으로 주변의 정황들을 적나라하게 시시콜콜 읊조리면 시간 가는 줄 모르고 고개를 끄덕여가며 푹 빠지기 일쑤. 마땅히 새로운 뉴스에 심취한다.

세상의 통념이 다 그러하듯 시간이 좀 흐른 뒤, 그 친구가 나타나면 이미 입조심해야 될 사람인가 온몸이 경직된다. 그렇다고 등질 수는 없는 관계.

자신도 모르는 사이 적이 되어 내 안에 자리매김 한 채 먹먹하다. 늘 세심히 챙겨주며 정직한 듯 마주하며 호응해 줬으나 뒤돌아서면 요란하게 방망이질 해댄다. 귓가에 속삭일 땐 내 귀가 반짝 열리는지 달달한 호강을 한다. 뒤돌아서면 맘을 뒤흔드는 자신을 책망한다. 나를 지켜주시는 수호신이 늘 곁에 동행한 줄을 잊고 세상일이 더 즐거웠던 경험. 악의 유혹을 물리치고 담백한 결단이 필요해 가슴을 후려쳤다.

공공의 적이 주변을 맴돌며 가족들을 무너뜨리려 한다는 사실에 간담이 서늘해 왔다. 하찮은 것조차 더 철저히 다잡아야지 하는 이성적인 판단이 필요했다. 큰 벼슬을 한 것도 아닌데 중대한 결심을 한 후 몹시 앓았다. 내가 머무는 곳은 작고 아름다운 숲속의 꽃방. 더 이상 방해꾼이 있어서는 안 된다는 단호한 결심에 마음의 둑을 높이 쌓았다. 흥과 끼가 많아 걸쭉한 입담과 웃음으로 철이 없는 단순한 나. 헐뜯기보다는 말을 아끼고 상대의 말을 경청해야 바람직한 일일 터. 내 이웃에게 긍정적인 웃음과 행복을 전하고자 한다. 흐트러진 나를 뒤돌아보면 사람들은 나의 슬픔과 아픔을 이해하기는커녕 안면몰수 하더라. 어찌 그 상처를 알 수 있을지 의심스럽다. 배우자를 잃어본 일 없으므로 어찌 맘을 감히 헤아려 줄 수 있을까. 어제와 오늘 그리고 삶을 엮어 가는 과정임을……. 절망

가운데 웃음마저 잃고 수호신만 의지한 채 몇 년의 암울한 시간이 흐른 지금. 버거웠던 일들, 반성을 곁들여 가만가만 내려놓는다. 인간이 얼마나 위선적이며 배타적인지 허술하기 짝이 없는 나를 다시금 책망한다. 이젠 편협하고 경직된 사고로 남을 판단하려 하지 않으련다. 상대가 울고 아파하고 있을 때 함께 해 준다는 것은 마음뿐일 따름이다. 재수 없다는 등 말을 돌을 던지듯 서슴지 않았다. 예전처럼 봐 달라고 하는 것은 욕심이며 착각이다. 벗과 함께 고통을 나누어 줄 줄 알았으나 인간의 속성은 그러지 않는다는 거. 경제적인 힘듦에 고충으로 시달리면 절친한 지인들과 친인척이 회피하는 경험, 매우 혹독했다. 알면서도 모른 척해야 하는 처지가 돼 보았는가? 모래알처럼 다 빠져나가는 경험을 고추처럼 맵고 아려도 견뎌야 했다. 먹보다도 더 진한 눈물겨운 불편한 경험. 더불어 득과 실을 먼저 셈하고 다가오는 지인들. 인간만이 하는 행위였다. 살가웠던 이웃과 벗들 혈육들에게까지 철저히 외면당하고 보면 내 십ㅆ지 허물어진다. 아몽 같은 시간들이 묵묵히 흘렀다.

어쭙잖은 나이에 세상의 이치가 그렇고 그럼을 홀로 알게 된 경험들 회한이 씁쓸하다.

이렇게 좋은 날 방울방울 눈물은 꽃잎 되어 분분히 흩날리어 춤을 추고 싶은 까닭은? 덧없는 인생살이 초라했던 내 모습이 아찔하게 스친다. 내가 어려울 때 따스한 손길로 손잡아 주던 이들. 기도로 도와준 몇몇의 은인들 눈물겹도록 고맙다. 수없는 날들이 주어졌지만 평생 다 갚지 못할 은혜 고마울 따름이다. 현실은 녹록치 않음을 절감했다. 함께 아파하고 상처 난 마음 어루만져 줄 이는 인간이 아니라 수호신이었다. 견디기 힘듦을 표면적으로 드러내면 내남 할 것 없이 외면 또는 모른 척함을 경험한 산 증인. 내 혈육들마저도 모른 척하며 철저하게 홀로 외딴섬에 고립된 삶을 살아온 지난 10여 년. 금전에 관하면 원수가 되어 버리는 불편한 관계로 전락하고 말더라. 엄청난 그 시련과 고비들을 은혜 가운데 잘 견디었지.

내가 경험한 세상은 맵고, 쓰고, 달기도 했다. 세상과 단절하고 싶을 때가 있었으나…….

2부

그리운 그 향기

여름날의 삽화

폭염의 기온만큼 습도까지 높아 더위를 피해 강이나 계곡으로 피서를 가느라 야단법석들이다.

머릿속까지 지독하게 덥고 끈적끈적한 여름이 쏜살같이 지나간다. 휴일도 없는 나는 웃음을 잃지 않으려 끊임없이 애를 쓴다. 초록이 우거진 계곡으로 달려가 흐르는 계곡물에 발 담그며 놀던 일이 어제 일처럼 스멀스멀 떠오른다. 하던 일을 멈추고 얼음 가득한 시원한 커피 한잔을 마시면서 잠시 허리를 펴고 멍하니 하늘을 올려다봤다. 숨이 턱턱 막히는 팔월의 무더위가 짜증도 나고 지치게 한다. 온가족이 함께 강에 어망을 던져 고기를 잡으며 놀던 일들이 사색의 한 단면이 되어 너무 그립다.

풀 냄새 맡으며 숲과 깊은 계곡이 있는 풍광 좋은 곳에서 지글지글 고소한 삼겹살 굽던 냄새가 기억에서 살아 움직인다. 현실의 삶을 타박 말고 잘 견디어 살아야겠다.

올여름 유난스런 더위에 생각이 밀려온다.

서로 술잔을 짠하고 부대끼며 낄낄대며 까르륵……. 단란했던 우리 가족은 강가 시원한 다리 밑에 옹기종기 모여앉아 왁자지껄, 여름 강가는 늘 즐거운 추억이자 그리움이다. 뜨거운 햇살만큼 추억을 만지작거리며 먼 산자락을 바라볼 때 웃음으로 꽃피우던 그때가 생각난다.

사람마다 사는 방식이 다를 테지만 노동에 지친 하루 일과, 푸석푸석한 내 얼굴이 경직된 채 굳어 있다. 해묵은 어깨통증이 괜스레 더 아픈 탓이리라. 낮엔 점점 더 절절 끓어 밤낮 고충이 크다. 계절따라 산과 들로 철철이 변화하는 모습들, 바람 소리 새 소리 파도 소리, 생각만 해도 즐겁다. 그렇게 살던 날들이 좋았으나 이제 각자가 다 뿔뿔이 흩어져 다른 모습으로 살아간다.

가끔 전화 선율에서도 외로움이 찾아온다. 지인들이 안부를 물어올 때 나도 몰래 혼란스러워 아픔이 전해진다. 무더위 탓이리라.

후끈후끈 훈 짐 올라오는 길 위 대형마트 앞에 차가 밀리니 조급해진 사람들 뒤엉켜서 진퇴양난을 겪고 있는 모습들이 진풍경이다. 지켜보는 이도 덥다. 차창 문을 내리고 큰소리로 아우성들이다.

그립고도 보고 싶은 이를 수습했다지만 문득문득 인연의 찌꺼기가 안개처럼 피어오를 때 눈을 감는다. 바람에 흔들리는 억새의 모습에서조차 쓸쓸함이 묻어온다.

아하! 이렇게 서서히 홀로 텅 빈 집에서 고독한 죽음을……. 그러나 절망하지 않으려 한다. 극복해야겠구나 하는 생각이 스쳤다. 슬픔과 두려움에서 긍정의 삶으로 바꿔 집착과 애착 욕심을 버리려 다짐한다.

뜨거운 햇살과 무더위에 가뭄을 물리치고 우울함도 밀쳐내 마치 내게도 귀한 손님이 찾아와 주길 기다리고 있었는지 모를 일이다. 불볕더위를 식혀줄 시원한 빗줄기처럼 그렇게 찾아오기를.

달빛이 훤하다. 막다른 길, 평화로운 길을 가는 거라 생각하니 홀가분하다. 바람이 부는 밤거리를 다디단 기억들을 더듬으면서 홀로 걷는다. 푸르른 나무들을 보며 쓸쓸함도 지우고 위로를 얻고자 한다.

인생은 기다림의 연속이 될 것을 일찍 예감했었다. 횡재일지 그 기다림이 언제일지 너무 지치지 않기를. 그저 기다릴 뿐 적적함이 엄습해 고개를 떨어뜨리고 터벅터벅 걷는다.

다 잠든 이 저녁, 허기진 내 영혼의 곳간을 풍요롭게 채워야겠는데 당혹스럽다. 허망함이 아닐 거라 믿고 싶다. 숨이 멎는 듯 현실로 다가온다.

움츠린 어깨를 펴고 당당히 웃으며 행복을 향유하며 살면 더없이 좋으련만. 초록이 반짝반짝 눈이 부시다. 골짜기 작은 옹달샘에서 수런수런거린다. 계절은 어김없이 실망시키지 않았다.

끈끈하게 척척 엉겨붙던 여름밤 수분이 빠져 나간 바람은 좀 더 가벼워 시원하게 스친다.

가을꽃이 피고 검푸르게 보인 숲도 훨씬 가벼워질 바람이 자꾸만 불어와 허위허위 걷는다. 마음에 습기가 잦아 단풍 들지나 않을까 괜한 염려를 한다.

사약 같은 커피를 한 사발 들이키고 보니 간당간당한 이 해의 끝이 벌써 보이는 듯싶어, 바람은 창밖에서 부는 것이 아니라 내 맘속에 이는 것이 아닌가 한다.

그립다, 그 가을이

아침에 부스스 눈 뜨면 눈빛으로 인사를 건네면 미소로 답하던 그 사람. 생각만 해도 위로가 되고 위안이 되며 따뜻해진다.

가을비가 추적추적 종일 내리자 내 마음까지 온통 눅눅해진 기분이다.

비가 오면 막연하게 누군가를 떠올리며 그리워진다. 이런 날에는 누군가와 함께 창가에 마주앉아 허공에 피어오르는 커피 향을 맡으며 낭만을 즐길 수 있는 시간을 내봐야겠다.

머릿속이 텅 비어 버린 듯 긴 침묵으로 멍하니 창밖을 내다본다. 변화무쌍과 예측불허의 연속으로 어떤 중압감이 나를 짓눌러 명치가 답답하다.

우산을 접은 채 쏟아지는 세찬 빗줄기를 흠뻑 맞았더니 빗물에 흠뻑 젖어 물에 젖은 생쥐처럼 오들오들 떨며 입술은 파랗게 질린 내 얼굴.

긴 터널을 견딘 캄캄한 밤을 걸어온 날들, 지난날들을 회상하며 혼자 가만히 읊조리는 독백의 시간이 잦다. 지금 걷고 있는 이 길에 걷는 걸음마다 고운 단풍이 물들어, 오가는 이들이 늘어 덜 외로우면 좋겠다. 세상 살면서 얻은 것도 많으나 잃은 것이 너무 많아 때때로 등줄기에 식은땀이 흐른다. "다 내 탓이리라."

녹록치 않은 날들, 머뭇머뭇 주저앉아 있을 수 없어 세월과 함께 수고로 견딘 삶. 얼마만큼 멀고 험한 길인지 그때는 가늠조차 되지 않은 숙제를 다 해냈다. 진자리 마른자리 가려가며 순탄치 못한 막막한 상황들을 이겨낸 시간들.

이제 그길로 잘 걸어가는 아들의 뒷모습을 먼발치에서 지켜보며 걸음걸음마다 빛 비추어 아픔 없는 세상으로 ….

어머니의 기도

내 쉼의 시간을
평안과 위로
온기로 채워 주시던 그 분

헛발 디뎌 행여 넘어질세라
촛불 맞이한 어미의 본능
예수님 사랑 안에
너의 일생 꽃피우길

어느새 서늘한 바람이 내 이마를 스친다. 기력이 많이 소진되어 피로감이 몰려온다. 고갯길을 걸을 때 묵주기도로 함께 했던 지인들을 한 사람씩 생생히 또렷하게 기억하며 덧없는 것에 맘 두지 않고 걷고자 한다. 때로는 달달한 커피 한 모금으로 말 많은 쓴 소리까지 함께 마셔야 하리. 마음이 어지러울 때면 나는 커피를 들이키는 습관이 잦다.

이제 잠시 쉬어가도 좋을 때인 듯하다. 자식은 곁에 있어서 희망의 끈이며 위로이자 기쁨 그 자체이며 선물이다. 나의 수고가 고달팠으나 헛되지 않기를 빌었다. 어지러운 일들을 내응하고 잘 견디어 낸 시간들, 예전보다 너그러움과 관용으로 부드럽고 평안해진 내 모습.

바람에 우수수 떨어진 황금 낙엽들로 저무는 계절이나 그 나름의 매력에 감탄한다.

노랗게 물든 은행나무 가지 사이로 희멀건 달이 떠오르는 가을밤. 밤길을 홀로 그분과 걷다가 예쁜 단풍을 양손에 가득, 또 마음에 한가득 담으면서 천진하게 좋았다. 어두움을 틈타 한편에서 귀뚜라미 소리와 저마다의 사연을 얘기하는 이들의 속삭임이 바람결에 들려온다.

모진 세월 자신도 모르게 가슴이 저민다. 긴 여정에서 이제 나도 여지없이 익어 감을 체감한다. 창밖에 한 잎 두 잎 떨어지는 낙엽을 보면 가을이란 계절 자체로 시가 되는 풍경이 아름답다. 가을인가 싶더니 어느새 쓸쓸한 풍경들이 내 눈앞에 오고야 말았다. 길고 더딘 날들 갖가지 일들로 내 영혼은 야릇한 느낌에 젖는다.

출근길에 눈꽃 내리듯 노란 은행잎이 바람에 흔들려 거리를 뒤덮을 때 마냥 좋았다. 가을은 잠시 쉬어갈 수 있도록 자연이 인간에게 준 고귀한 선물이며 누구나 함께 공감할 수 있는 고운 이 계절.

날이 저물어지면 단절된 그리움들이 또 다시 밀려온다. 삶에 대한 애착만큼이나 간절한 그리움을 추억하게 한다.

비우고, 또 덜어내고 불필요한 맘들 정리했으나, 의미 없는 것들이 기억에 되살아나 짙은 냄새를 피운다.

무뎌질 때도 되었는데 적적함이 찾아올 때면 홀로 우두커니 서성이며 지나온 발자국을 더듬는다. 가을이 안겨다 주는 애잔한 기억의 회상(回想)이 자꾸 가을 낭만 속으로 끌고 들어간다. 삶의 여정에서 쓸쓸히 잊지 못할 기억들이 꾸짖는 듯 메아리친다. 어둠이 깔리고 바람이 에워싸이면 세속적인 욕망에 시달린 하루를 겸손하게 겸허히 마감한다.

나 같은 허릅숭이가 죽을힘을 다해 버틴 시련은 선물이었으며 그건 축복의 통로였다.

그때의 기억과 마음을 다시금 엮는다.

속수무책으로 저항도 못한 채 무기력한 나는 어찌 할 길이 없었다. 파멸을 예감했으나 끝내는 저항도 못한 채 길에 내몰린 일. 고스란히 껴안으며 필사적으로 버틴 잔인한 기억들. 고난은 내 삶에 충실하지 못한 결과물이었는지 모른다. 갑자기 들이닥친 곤경을 감사하게 받아들이기가 쉽지 않았다. 한 가닥씩 풀어내어 자유로운 영혼으로 살고 싶은 욕망이 더했다. 평범한 일상을 꿈꾸던 긴 시간 내내 팍팍한 내면을 다스려야 했다. 심신의 더러워진 먼지를 씻어주는 것은 고요히 기도하는 시간, 그저 숙연해진다.

다 부질없이 몸 달아 하며 애면글면 살라온 삶이 초라하기 짝이 없다.

살다보니 삶이란 결코 예정된 대로가 아닌 엇갈린 내리막길로 가야만 할 때도 있다. 깊은 나락으로 추락을 거듭했었지. 험난한 여정에서 켜켜로 쌓인 찌꺼기들을 덜어내고 보니 이제 편해졌다. 비로소 홀가분해진 듯하다. 나의 존재는 종종걸음으로 남은 세월마저 끝없는 사랑을 멈추지 않으려 한다.

요즈음 인격과 도덕이 요지경인 이 현실, 살벌하고 불안한 세상

사. 걱정 근심 없이 활짝 웃을 수 있는 그런 세상이 온다면 더불어 행복할 수 있을 것이다. 삶의 여독을 씻어줄 청량한 바람이 불어오면 더 좋으련만.

오색단풍이 저무는 이 가을. 그리운 이들을 살갑게 부르고 싶은 아쉬움이 남는다.

따스한 마음으로 인생의 깊이를 예리하게 관조(觀照)하며 살아야 하리.

어머니의 텃밭

안개가 자욱이 낀 아침에 방문을 열고 마당으로 나서자, 텃밭에서 이슬 머금은 노란 호박꽃이 웃으며 나를 반긴다. 오랜만에 맡아보는 고향의 향긋한 흙냄새가 내 가슴속 깊이 파고들어 왔다.

이른 새벽부터 텃밭에 나가 빨갛게 잘 익은 고추를 따다 널고 계신 이 버거워 보였다. 가슴이 찌릿했다. 잘 말린 고추도 내다 팔고 참깨와 콩도 오일장에 팔아 푼푼이 모은 돈으로 맛있는 것을 사다 놓고 우리를 기다리는 어머니. 그 재미로 사시는 골 깊은 당신의 이마에는 주렁주렁 달린 고추모양의 땀방울이 함께 여물면서 세월의 무상함을 말해주고 있었다.

청명한 가을 하늘 아래 넉넉하게 마을을 감싸고 있는 금성산(경북

의성에 있는 산) 자락에 자리 잡은 운치 있는 산골 마을. 그동안 잊고 살았던 고향의 푸근하고 정겨운 냄새는 아득한 시절의 기억을 떠올리게 한다.

동네는 의외로 고요하다. 시골 동네는 탕탕거리는 경운기 소리와 풀벌레 소리만 간간히 들린다. 농사일이 얼마나 힘이 드는지 나는 잘 안다. 때문에 허리가 꼬부라진 어머니의 뒷모습을 보는 순간 내 허리도 함께 아파진다. 당신의 눈은 말갛게 늘 웃고 계셨지만 눈빛 너머로 고달픈 애환의 모습에 내 마음까지 저려 온다.

사방이 산으로 둘러싸인 마을 초입부터 벼가 알알이 잘 익어 풍요로운 가을이 감동을 준다.

둑에는 빨간 산수유가 곱게 익어 주인의 손길을 기다린다. 김장할 무와 배추도 노랗게 꽉 찬 것이 잘 자랐다. 대문을 들어서자 한 그루 대추나무가 따가운 햇살을 잘 받아 단내가 날 정도로 익어가고 있다.

집 뒤늪에는 홍시가 곳곳에 떨어져 초파리들이 난리다. 오래된 우물물에서도 감이 거꾸로 대롱대롱 매달린 풍경이 정겹다. 우물에 비친 파란 하늘과 감나무의 풍경, 자잘한 쑥부쟁이 꽃들이 함께 가을을 합창하고 있다.

뜰에는 부지깽이라 불리는 섬부지깽이가 어른들의 영양식으로 충분히 사랑을 받아 한껏 고고한 모습이다. 여러해살이풀로서 잎 양면은 떨이 보송보송하다.

순박한 시골 사람들의 심성처럼 자잘하게 피운 흰색 꽃으로 뜰은 환하다. 뒤뜰과 텃밭 가장자리에 만발한 쑥부쟁이 꽃들은 사시사철 어머님 아버님의 식욕을 살린 소박한 식자재였지.

주변 곳곳은 축사로 볏짚이며 사료 포대들이 어지럽게 널려 있으나 옛 생각에 그리 낯설지 않다. 집 앞에 자리 잡은 작은 호숫가의 낡은 집이 궁금하여 농가를 기웃거렸다. 주인의 손길이 멀어진지 오래되어 기울고 허물어진 빈집이다. 그곳은 이름 모를 들풀만이 무성하여 마치 시간이 머물러 있는 것 같은 느낌이었다.

둠벙을 빙 돌아 골목 깊숙이 안으로 들어서면 왼쪽으로 크고 긴 텃밭이 약 천여 평 터줏대감처럼 앉아 있다. 밭 끄트머리의 흙담 위 스레트 지붕도 세월을 붙잡고 있는 것 같았다. 사방 허물어져 가는 낡은 빈집들은 정겨우면서도 왠지 쓸쓸했다.

채전 밭은 아버님과 어머니의 앞마당이자 일터였다. 밭 한 뙈기에서 식구들이 먹을 온갖 곡물이며 갖가지 채소들을 이곳에서 일궈 형제와 친척 분들에게 해마다 정을 골고루 나누어 주시려고 바쁘셨다.

마침 다 여문 콩이 바싹 말라서 콩꼬투리 터지는 소리가 타닥타닥 들린다. 검은 콩알이 한 알 한 알 또르르 마당으로 이리 튀고 저리 튀고 떼굴떼굴 굴러다닌다. 콩꼬투리 터지는 그 소리에 가을 하늘 위 하얀 타래 구름도 함께 튀어 오르는 것 같아 내 가슴까지 팔딱이게 만든다.

대청마루에 앉아 보는 긴 밭이랑. 고추 한 줄 따는 데도 반나절은 족히 걸리니 얼마나 힘이 드실지. 거기서 온갖 것을 파종하고 수확하여 당신들의 용돈도 버시고 손자, 손녀, 며느리 용돈도 함께 거두신다.

그 밤 달빛 속에 비친 하얀 쑥부쟁이가 더 희고 고왔다. 오랜만에 이곳에서의 저녁잠은 피로가 확 가신 듯 달콤했다.

이튿날, 아침 일찍 동이 트자 토담 울타리에 잘 익은 누런 호박이 똬리를 틀고 앉아 눈을 호강시켰다. 풋전을 지져먹으려고 애호박을 몇 개 땄다. 그리고 누렇게 익은 호박은 범벅을 쒀 먹어야겠다. 범벅에다 차진 새알을 동동 띄워 맛 좋은 호박죽을 해 먹고자 한다. 겨울이 오면 어머니는 언제나 호박죽을 쑤었지만 이젠 기력이 쇠하시고 입맛도 변하셔서 죽 끓이는 걸 마다 하신다.

정이 넘쳐나는 어머니의 텃밭, 어머니는 항상 거기 계실 줄 알았는데 흐르는 시간이 야속하다.

몸이 무거워 휘휘 늘어진 나무에 빨갛게 익은 대추 속살이 달큰하게 맛이 들었다.

콧속까지 스며드는 시금털털한 고향 냄새가 어머니의 젖내처럼 따스하게 다가온다.

가을비까지 내려 아버님과 함께 한 잔술로 부녀처럼 정담을 나눴던 일들이 생각난다. 연로하신 어머니마저 시간이 재촉하는 통에 마음이 아려온다. 친정아버지께 받지 못한 사랑까지 넘치도록 받았고 늘 내편이 돼 주시던 시부모님 ……. 추위에 약한 날 위해 별이 총총한 신새벽 밖으로 나가 조심스레 아궁이에 불을 지펴 방을 달구시던 시어른. 이제는 그 일마저 어머니는 연로하셔서 요양원에 계시니 그날이 언제 올 지 생각하면 가슴이 미어진다. 이곳에 오면 아무도 날 반겨줄 이 없다는 것에 서글퍼진다.

떨어진 알밤 속만큼 노랗게 익어가는 가을. 서녘으로 불어오는 가을 냄새가 그리운 사람들을 떠올리게 한다.

(2006 현대가족문예 입상)

그리움의 강 언덕

어려웠던 과거의 일들이 주마등처럼 스치고 지나간다.

내 삶의 흠집으로 번번이 의기소침해져 주저앉아 있기도 했으나 당당하게 한 걸음 한 걸음 내딛는다.

잃어버린 시간들을 지워버릴 수 없는 것처럼 과거를 백지로 지워버릴 수도 없다.

얼굴에 새겨진 크고 작은 주름살도 내 삶의 희로애락이자 그리움이 출렁이는 강 언덕이다. 고단한 삶의 주름이 있고 미움 때문에 하나둘 생겨난 주름도 만만찮은 삶의 흔적이 되어 얼굴에 고스란히 남아 있다. 몸을 낮추어 겸손히 다시금 희망의 끈을 질끈 다잡아 본다.

배우자는 가정의 수호신인 정자나무처럼 영원히 한세월 다 가도록 나와 함께 곁에 있는 줄 알았다. 하지만 그 소소한 희망과 행복마저 헛된 욕심이었다.

무엇에도 구속받고 싶지 않은 인생, 바람결에 웃음 실어 바람처럼 구름처럼 정녕 그리 살 수 있도록 애써 본다.

밑바닥에 깔려있는 마음은 저잣거리에서 놀고 산속 들 속에서 놀고 싶으나 그저 맘만 산란할 뿐이로다. 세상이란 넓디넓은 바다에 직접 노 저어 항해해야 하는 현실이 녹록치 않음을 늘 실감한다. 나의 열정 실어 또 한 번 마음 다잡아 호탕하게 너털웃음 지어본다. 온힘을 다해 파도가 잠잠해질 그때까지 삶의 여정이 어떻게 될지 미스터리다.

고요히 삶의 뒤안길을 뒤돌아 볼 수 있는 때. '행복의 열쇠' 부초처럼 떠다니는 삶이 아니길 지혜로워야 하는 기로에 서 있다.

아들들이 장성할 때까지 우리들 곁에 늘 머물러 있을 줄만 알았다. 그 간절한 아쉬움이 더 절절할 뿐 아빠의 부재가 한여름이 더 찌는 듯하다. 시원한 나무 그늘 없어 땡볕에 노출된 것과 무엇이 다르리.

비는 여전히 달리는 버스의 창을 내리친다,
연일 비가 내리자 눈부신 햇살이 그립고 싫지만은 않다.

내 안에 숨겨진 열정을 깨우는 계절, 자연을 만끽하며 여름의 숨결을 불어넣은 듯하다. 자연의 위대한 힘이 얼마나 놀라운지 눈부신 생기가 오감을 깨운다. 훌쩍 떠나는 여행길에 더부룩했던 속이 펑 뚫린 듯하다. 하는 일마다 비비 꼬인 지친 삶. 그리운 어제의 일들은 바람에 훌훌 날려 보낸다. 열정 가득 뜨거웠던 마음밭을 좀 식혀야겠다.

또 다른 세상과 맞물려 소통하는 자연이 새삼 아름다우며 경이롭게 다가온다. 당당히 겸허하게 바깥세상과 소통하고 타협하는 순리를 인정해야겠다. 햇빛과 바람 일구어 물안개 가득 피어나는 강 언덕으로 훌쩍 떠났던 옛날이 몹시 안타깝고 그리움이 깊다. 그이와 함께 거닐던 강가로 가면 물결만 일렁일 뿐 그리움이 더 새록새록하다. 혼자 걷는 이 인생길에 가슴이 저며 온다. 꿈속에라도 한번 보고 싶다. 삶도 죽음도 순리를 거스를 수는 없는 일. 이 또한 거쳐야 하는 생존의 법칙임을 알게 한다.

짙푸른 산과 들녘을 보면서 텅 빈 내면을 달랜다. 진실은 다 덮어지고 질곡의 삶은 연속 태연한 척 인내의 과정이 멀고 험하다.

불신이 난무하는 이 시대에 나무 한 그루 덩그마니 외롭다.

지나간 한 시절을 추억하며 내 안에 둥둥 떠다니는 용어들을 하나하나 곱씹어 추억하는 시간이 잦다. 까마득한 그리움들을 훌훌 떠나보내는 작업을 수없이 해보지만 점점 낮아지고 작아지는 나 자신이 감당하기가 버겁다.

좋은 일들만 그리워하기로 하자. 말없이 덤으로 얻은 삶에 충실해야겠다.

난 배우자인 그에게 얼마나 배려를 했는지 알 수가 없다. 인내는 나를 시험하고 점점 피폐하게 했다. 그 암울했던 날들은 정수리에 화산이 분출할 듯이 아직도 뜨겁다.

미웠던 만큼 더 애틋하고 그리움이 더 진한 눈물의 연속이었다. 몇 년의 암울했던 시간들이 소리 없이 흘렀다. 그리움은 눈물로 다 용해되어 나의 한숨과 분노는 많이 잠잠해졌다. 경제적인 중압감과 억눌림이 닥칠 때면 해결의 실마리를 찾고자 갖은 몸부림을 쳐 봤지만 소용없는 일. 나 어디에 서 있는지 어디로 가야 하는지 조차 방향감각을 잃어버릴 때가 종종. 누구나가 인생사 돌발변수는 늘 넘나드는 법. 삶의 곤고함은 내가 무지해서 한없는 번뇌와 헤맴의 결과였다.

웃음을 잃지 않으려 곤륜을 수양해야 한다. 삶이 버거워도 세월의 힘 빌어 혼자의 삶을 가만가만 걸어야겠다.

내가 가는 이 길은 둘일 때보다 혼자일 때 아득히 멀고 눈물겹게 척박한 비탈길이 된다. 짝이 있을 때와는 시선과 느낌이 사뭇 다르나 좌절을 딛고 일어난 나와 두 아들에게 장하다고 칭찬을 한다. 갖가지 위기를 극복했으나 홀로 걷는 멀고 험한 인생길이 정녕 싫다. 서서히 내공을 쌓아 감정 추스르는 법을 터득하는 과정을 수행 중이다. 허나 혼자는 진정 멀고 지루하고 멀기만 하다. 관계의 중심에서 어떻게 해야 처신을 잘하며 살아가는 게 옳은 일인지 난감할 때가 많다. 나를 믿고 의지하고 좋은 유대감을 가지고 감정에 충실하려 애써 보지만 내내 침묵만 감돈다.

이웃들과의 자연스런 친교마저 위축이 되며 항상 뒷걸음질치고 내 모습이 작아진다. 오동통했던 기름진 내 마음 밭에 여인의 속살처럼 보드란 사랑을 꽃피우고 싶다. 햇빛 비추어 사랑의 싹을 틔울 수 있도록 애써 봐야겠다. 암울한 과거는 떨구고 해 뜨는 동녘하늘을 올려다보며 내일을 꿈꾸어야겠다. 오늘도 내일도 해가 뜨듯 희망을 따라 묵묵히 매력적인 내 삶의 화폭을 멋지게 그리리라. 지루한 고뇌를 알기에 간절한 소망하나 가슴에 품어 오롯이 이 길을 걸으리라. 여인답게 말없이 적선하여 순리대로 살면 되는 것이라 했지.

자식이란 끈은 뗄레야 뗄 수 없는 나의 분신, 어려워도 함께 갚아야 할 삶의 과제이자 부채(負債)가 아닌가. 그 무엇과도 견줄 수 없는 가장 중요한 남은 과제로다. 혼미한 날이 겹칠 때면 그리움이 피어나는 강 언덕에 나가련다. 언덕에 올라서서 달달한 바람과 상큼한 향기를 피우는 저 먼 곳의 대지를 품으며 꿈을 꾸리라.

(2013. 9『수필문학』)

겨울과 봄의 공존

산수유가 일찌감치 꽃눈을 터뜨린 구례 산동마을이 정겹다. 삭막하여 겨울 산은 별 볼품이 없다. 흰 눈으로 화장을 하고 있어서 더 수수하고 지루한 맨얼굴의 골짜기에서 아직은 차가운 바람이 인다.

어젯밤에 눈이 내렸는지 노고단 부근 산자락에 눈꽃으로 뒤덮여 있다. 봄은 바람 끝에 와있는데 산 아래 산동 산수유마을은 일손들이 매우 바쁘고 골짜기는 옛이야기를 품고 정겹다.

나무꼭대기에는 산란기를 앞둔 까치가 새 식구를 맞을 둥지를 짓느라 여념이 없다. 산줄기는 곳곳이 물에 닿아 있다. 봉우리 수만큼의 골 깊은 골짜기. 꽃이 일찍 핀 탓에 산수유꽃 축제도 앞당겨지려나 보다. 알싸한 꽃샘추위는 연일 계속 이어진다.

노란 산수유를 가만 들여다보면 미니 우산살 같다. 그 어떤 꽃보다 수수하고 소박하다. 별 꾸밈이 없는 그대로의 제 모습이 보기에 미쁘지 않다. 일찍 피우는 매화 또한 그러하다. 골짜기마다에 노란 산수유는 매화보다는 좀 늦게 개화하여 봄이 따뜻하게 익어갈 무렵 산동고을을 노랗게 물들인다. 길 따라 상위마을까지 간다. 돌담의 정겨운 풍경이 철없는 여인의 마음까지 뺏는다. 산수유 가지가 자연스런 노련미를 보이며 돌담으로 가지를 늘어뜨린 고운 자태의 품위가 제법이다.

위로 가면 마을 중간으로 들어가고 계곡 쪽으로 가면 개울물 소리와 그 옆으로 포슬포슬 피어난 피운 버들강아지까지 어우러져 봄의 정취를 한껏 자아낸다.

삽사리가 반갑다며 꼬리를 흔들고 쫄랑대며 따라온다. 정겨운 외양간의 소가 한낮 오침을 즐긴다. 꾸밈없이 있는 그대로의 시골 풍경이라 더욱 정이 가는 동네다. 물도 수정처럼 맑다. 그야말로 지천으로 피운 꽃들로 노란 꽃 대궐을 이룰 것이다. 예전엔 산수유로 자식 농사 다 지었다는 어느 촌로의 말씀이 그만큼 수입이 짭짤했다는 것이다. 예전에는 가난하여 산수유 돌담길의 꽃도 가난하게 피웠다는 설이 있다. 발길 닿는 대로 맘껏 산책할 수 있어 좋다

산에는 흰 눈이 큰 산 아래는 노란 봄이 산중턱에는 짙푸름이 이진가를 산동이 아니면 어찌 만날 수 있으리. 몇 년 전에도 난 참

신기했다. 불과 얼마 안 되는 거리에도 불구하고 한꺼번에 봄과 겨울이 함께 공존하는 사실이 실로 놀라웠다. 신비로운 이 광경도 부지런해야 볼 수 있는 사계절 중의 한 일부분이다. 절로 봐지는 것이 아니다. 부지런히 발품을 팔아 운이 좋아야 한번 볼 수 있을까 말까 한 풍광이 아닌가 한다. 비록 가난했던 한 시절이 있었다고는 해도 물 좋고 공기 좋은 고향에서 옹기종기 모여 살 수 있는 노년이 있다는 것은 덜 외롭다는 뜻이다. 행복하다는 것이겠지. 가난해도 인정이 많은 이들이 모여 오손도손 사는 한적한 시골의 정이 배어나는 곳이기도 하다. 한참 마을을 걷다가 맑은 물가로 내려와 잠시 마음을 풀고 즐겨본다. 정겹고 운치 있는 자연 그대로의 맛을 많이 잃어가고 있어 매우 안타깝다.

돌담길을 골목마다 걷다가 계곡이 있는 쪽으로 내려오면 청량한 맑은 물소리에 내 마음이 다 고요해진다. 낮은 곳으로 흐르는 물을 보면 전에 알 수 없었던 것들을 발견한다. 겸손의 덕이라고나 할까. 아무 생각 없이 다녀가는 길이건만 늘 오르고 또 올라도 새롭다. 봄빛 머금은 나무들을 보아도 봄을 틔우는 산 빛을 보아도 나의 오감을 두드리며 찾아 나를 매료시킨다.

맑은 물과 정겨운 돌담길 울퉁불퉁한 구부러진 골목길을 걷다보면 이 나이가 되어도 유년시절이 생각난다. 밤마실을 다니다 돌부리에 걸려 넘어져 코를 다친 적도 여러 번. 지금이야 플래시가 무어 필요하리. 송진에 불을 붙여 길 밝혀 놀러 다니던 그 시절이 문득 떠오른다. 어릴 때 같이 놀던 친구들, 지금은 다 어디 가고 추억만 가슴에 남았다. 내가 뛰놀던 정든 시골길과 똑같은 골목길이기에 아련히 비추어 본다. 산골에서 자란 코흘리개 소녀가 이제 어른이 되어 그날의 기억을 그리워하고 사색에 젖는다. 산골의 정서를 누구보다 잘 아는 나에게 흐르는 물과 산수화 같은 정겨움이 고향을 생각한다. 맑은 물가 바위에 잠시 머물러 물끄러미 물속을 들여다보며 어머니의 품속처럼 평화를 얻는다. 낡고 다 기울어져가는 시골 풍경이지만 도심의 회색빛 빌딩보다는 많은 위안을 안겨준다.

봄이 다 오기도 전에 고향 같은 이곳으로 다리품 팔아 노랗고 소박한 골짝을 둘러보고 옛일을 더듬는다. 산수유 꽃이 화려하지는 않지만 은근히 매력 있다. 보면 볼수록 정이 가고 색 고운 산수가 아닌가. 돌담 위로 나직이 내려앉아 고운 꽃 피워 개울물과 함께 어우러져 봄의 정취를 한껏 펼친다. 소박해도 아들딸 잘 키워 공부 밑천으로 썼고 딸 살림 밑천으로 바리바리 실어 보냈으리라.

그리하여 일명 효자나무라고도 한다지.

거제도(巨濟島)의 봄빛

기쁨 가득한 설렘과 희망으로 산들거리는 봄바람을 타고 달렸다. 내 가슴에도 봄을 꽃피우고 싶은 소망에 가슴이 뛰고 설레기까지 했다. 긴 침묵을 깨고 조심스레 문 열고 나간 봄나들이.

길옆으로 빨강, 노란 꽃들이 환한 얼굴로 만발했다. 좋은 계절에 비취색 푸른 바다도 함께 달린다. 햇살 고운 사월의 얼굴이 눈부시다. 좌절과 아픔을 딛고 봄의 향기를 좇아 그곳 거제도로 갔다. 길을 가다가 문득 아무나 붙잡고 함께 가서 유익한 시간을 즐겨보지 않겠니? 하고 희망의 말을 건네고 싶었다. 창 밖 풍경이 반가워, 첫사랑을 만나는 기분이었다.

제주도 다음으로 큰 섬인 거제도, 해안선 길이만도 386km에 이른다. 설렘 가득한 표정으로 일행은 낯선 곳 거제도에 발을 내딛었다. 아담한 시가지는 봄꽃들의 환희로 아우성들이다. 바람 부는 날 노란 유채가 꽃물결을 이루고 초록의 싱그러운 손이 내민 꽃피는 계절이다. 산과 들 어느 곳 하나 이제 막 깨어난 듯 맑은 풍경, 잠시 마음을 빼앗겼다.

청마(青馬) 유치환(柳致環)님의 시비(詩碑)가 있는 동산에 다다랐다. 파릇파릇 경관이 아름다운 봄볕 소녀 같은 이 마음 자운영 꽃을 보며 미소 지었다. 시비도 있고 동산이 아담하게 잘 가꾸고 다듬어진 것이 인상 깊다.

서둘러 둔덕 골에 있는 청마의 생가에 들렀다. 가는 길목마다에 잔잔한 자운영 꽃이 바람에 춤추던 그 곱던 꽃물결이 가슴 가득 독백으로 봄을 안았다. 마음은 온통 보랏빛으로 물드는 듯했다. 방하마을에 위치한 문덕(둔전)그 일대를 산방산줄기 또는 밑이라 일컫는다.

문덕 겹겹이 둘러싸인 산방산 밑에는 그 산의 정기를 이어받았는지 유명 문인과 학자들이 많이 배출되는 곳이라며 향토 사학자인 분이 이런저런 입엣말로 들려줬다. 일일이 세세하게 침을 삼키며 해설을 도와 준 덕분으로 더 유익했다. 좋은 작품으로 후손들이 임을 기리게 되었는지 청마의 시에서 향기가 나는 듯 더 새삼스레 다가온다.

묵묵히 예스럽게 잘 관리된 초가지붕과 정겨운 돌담, 또 보기 드문 대나무 사립문이 더욱 임의 뿌리가 살아 숨 쉬는 듯 정감 넘친다. 가는 곳곳의 소박한 시골 풍경이 잊고 살아왔던 선배 문인의 존경과 존재의 가치를 일깨웠다.

차는 서둘러 또 거게도를 들쑤시듯이 여기저기를 달렸다. 양지바른 곳에 위치한 시비와 임의 무덤으로 갔다. 선조의 업적을 기리기 위한 많은 흔적들이 후손들의 덧댄 정성으로 더 곱게 꽃 피워 훌륭하다. 무덤가를 가자 많은 후배 문인들이 임이 가신 길을 사모하고 배회한 흔적들이 역력하다. 조붓한 오솔길 따라가면 임의 부모님과 함께 무덤이 정갈하면서도 조촐하게 나란하다. 준비해 간 꽃을 그분의 무덤에 안겨 드렸다. 무덤 주변은 햇살이 잘 드는 양지 녘, 어디선가 본 듯한 낯설지 않은 길처럼 오랫동안 내내 가슴에 남을 것 같은 느낌이다. 임의 뒤안길 차마 못다 쓴 무덤가 주변을 두고 두고 아껴서 꺼내 회상해 보리라.

일행은 곧 오찬(午餐)장으로 향했다. 난생 처음 먹어보는 귀한 음식 병아리국(뱅어탕)은 거제노의 귀한 음식이란다. 쑥을 넣고 끓인 탕에 쑥의 향긋함이 배어났다. 비린 맛이 전혀 없는 고소하고 담백한 귀한 음식맛이 일품이었다. 대접받고 보니 일행들의 표정 또한 포만감이 가득하고 행복해 하는 모습이 보기 좋다. 듣자하니 뱅어포의 재료인 듯 아마도 그게 실치국이 아닌지, 오리무중이다.

봄 바다에서 잡은 뱅어로 만든 제철음식으로 입맛이 되살아났다.

실치는 백어(白魚) 너무 희어서 예전에는 백어라고 했다는데 아마도 그렇게 알고 있다.

이윽고 구천계곡 산모롱이를 휘돌아 간다. 창밖 자연 풍광에 매여 눈을 뗄 수가 없다. 거추장하고 복잡한 일상은 다 벗어던지고 비장한 날개를 단 기분을 만끽하는 순간이다. 찬란하게 눈부신 사월의 감동을 마음에 품었다. 거제와 순천수필의 우정을 나누던 문학교류의 장은 일기마저도 아름답게 축복했었다. 가는 길목 능선마다에 연초록 봄빛에 언제 그랬냐는 듯 피로가 풀리고 정신도 이내 맑아졌다. 난생 처음 가 본 그곳에서 순간의 휴식은 살아있는 고향마을에 와 있는 느낌이다. 길 건너는 푸른 바다가 보이고 일행들의 얼굴엔 기쁨 가득한 홍조가 인다.

올 봄날은 기쁨보다는 지독히도 잔인하고 고문스런 날들의 연속이라고 여겼다. 봄이 다가도록 두문불출하고 잠을 설친 날들이었다. 이제야 새삼 초록의 봄에 기분이 좋다. 내 나이 지천명(知天命)을 눈앞에 두고서 대문 밖을 두려워 해보긴 일생 처음 있는 일. 그 찬란하고 살만했던 바깥세상이 너무도 두려운 까닭은……. 내 신변으로 하여금 높고 단단하고 높은 담을 쌓았던 까닭이다. 나만 드나들 수 있는 작은 문을 하나 내고 입도 지퍼로 잠그고 몸을 낮췄다. 이 벽을 언제 허물어질지 모른다. 내가 바라보는 세상은 너무도 벌벌한 전쟁터. 서로가 서로를 잡아먹고 헐뜯으며 남의 약점을 흠잡아 끌어내리기에 바쁘다. 거칠고 모진 비바람에도 잘 견디어 세상을 잘 살아왔는데 한갓 허접쓰레기에 불과한 그 돌에 맞고 전전긍긍했던 뼈아픈 봄이 싫다. 꿈과 소망은 방황 속에 다 짓이겨져 짓무른 내 가슴 현기증으로 헤맨다. 그 골 깊은 상처를 아는지 모르는지 지난 세월 앞에 내가 점점 작아진 기분이다. 그 누구도 걸림 없이 자유롭게 살고 싶은 곳은 없는지?

이런 나를 숨 쉴 수 있도록 도와준 거제도의 봄나들이 잊을 수가 없다.

거제는 자원이 풍부하고 활력이 넘치는 힘찬 도시로 다가왔다. 기쁨 찬 미래의 도시, 산과 들 바다 온갖 것들이 반짝이는 미래의 희망찬 도시 이곳을 지나면 기분이 좋아지지 않을 수 없다..

노랑과 연둣빛이 가져다주는 충분한 여유가 무엇보다 행복하고 알차서 내 눈가가 촉촉해졌다. 나른함이 밀려오는 좋은 계절의 여유가 잠자고 있던 나의 오감을 되살아나게 했다. 산뜻하고 쾌청한 봄바람 덕에 디 흠뻑 취했다. 아직도 내 귓전에 봄이 사뿐사뿐 피어난다.

(2007.『순천수필』)

생동하는 갈대

날씨 탓인지 몸은 흠뻑 물 머금은 스펀지처럼 무겁다.

살며시 갈대밭에 가고 싶어서 손에 닿는 일상을 버리고 내 영혼이 좀 쉬기를 갈망하던 터다. 꽃향기 묻어나는 꽃철도 지났다. 비단 같은 보드라운 초록의 빛이 일렁이는 듯 나의 의지와 상관없이 벗어던지고 바람에 이끌려 나갔다. 새로운 시각이 움츠러든 나를 일깨운다.

오늘따라 산책하는 이들의 걸음걸이가 유쾌하다. 바람 부는 포구에 서서 탁 트인 바다와 하늘을 올려다보자 가슴 가득 찬 욕심들이 다 사라진 듯 내 마음이 동그래진 기분이다. 순천만의 바다 물빛보다 아름다움은 덜하지만 개펄이 넓고 수심이 얕아 갈대들과 철새들의 안식처로 그만이다. 잔잔한 음악이 작은 선상에서 흘러나와 물결과 함께 리듬을 탄다.

갈밭의 갈대밭만 갈대라고 알고 살아온 나. 느지막한 봄날에 가만가만 피어오르는 갈대들의 풍경들을 지켜보았다. 바람 부는 날 선착장에서 본 그것들은 나름대로 색 고운 초록의 싱그러움으로 피어나 목 빼고 상춘객을 맞는다. 남모르는 수고로 밤낮 촘촘하게 자라난 여린 갈대들의 함성이 봄바람에 아우성들이다. 싱그러운 바람의 선율 따라 물결을 이뤄 춤추는 그 아름다움에 순간 목울대를 치밀며 하찮은 것에 눈물을 짜고 만다. 가슴이 먹먹하고 복잡한 나를 잠깐 내동댕이치고 자연이 주는 풍경을 마주하고 보니 가슴이 썩 후련하다. 음악이 흐르는 뱃길은 내 영혼을 목축이고 길게 침묵하며 현실을 직시하고 겸허히 그 순간을 즐겼다.

어느새 남도 사람이 다 되었는지 모질고 질겨져 제법 잘 사는 내가 기특하다. 갈대밭을 끼고 있는 용산의 봄이 익어감에 따라 연둣빛이 살아있다는 증거로 더 파랗다. 산과 들 갈대밭도 온통 초록의 물결이 넘실거린다. 정적이 흐르는 침묵 가운데 코끝으로 풋풋한 풀냄새 그 자체로 와락 스민다. 순천만 일대의 파란 보리밭 물결과 갈대들의 초록물결이 마음을 푸르게 하고 내 눈을 다 시원하게 해준다. 온통 초록 들판 그자체가 나를 용트림하게 하며 안에서 알 수 없는 에너지가 마구 솟구친다.

순천만을 배경으로 앉아 있는 용산을 오르고 내려 왔다. 용산전망대에서 본 순천만 늘 화선지로만 보아오던 전경, 생경한 현장을 한눈에 담았다. 순천시민들의 한결 같은 눈길과 사랑으로 가꾸어진 갈대들의 올곧은 자태가 우리들 모두에게 환한 웃음으로 안긴다.

적당한 날을 잡아 반가운 지우(知友)와 함께 한가로운 오후를 보내고 있었다. 호기심 발동에 순천만 습지보호구역을 더 자세하게 알고자 호기심이 발동했다.

모터보트는 부우웅 하고 소리를 내며 재빠르게 S라인의 갯벌이 펼쳐진 곳으로 달려갔다. 이윽고 조금 들어가자 바닷물이 밀려가고 들어오는 길은 정말 아름다운 곡선 S라인 형태 자연의 모습 그대로로 아름답다. 거기에는 공중비행을 하며 왜가리들이 한가롭게 노닐고 있다. 습지보호구역인 깊은 곳으로 들어가자 알락, 고리, 마도요새, 새부리도요새, 길 잃은 청둥오리도 만났다. 청둥오리는 겨울 철새이건만 따뜻한 오월에 이 지역에서 놀고 있는 것을 보니 길 잃은 철새임에 분명했다. 습지가 깊은 먼 곳으로 배를 이용해 들어가자 맛조개가 서식하는 개펄도 만난다. 한참을 더 들어가 주암댐의 물줄기와 동천의 물과 바닷물이 합류되는 지점에 다다르자 온갖 알 수 없는 새들의 노랫소리가 들려온다.

황금물결이 출렁이며 석양빛은 더욱 반짝이며 황혼이 곱다. 자금거리는 바다의 금빛 물결이 눈부셔 말로 형언할 수 없이 온통 찬란하다. 해마(海馬)를 타고 달리듯 모터배가 말처럼 바다를 질주하며 마구 달린다. 작은 바지선상 위에 왜가리 한 마리가 외로이 앉아 있다. 겨울 철새들의 안식처인 갈대밭에서는 백로도 쉽게 만난다. 숭어, 장어, 잡어 잡이 통발이 빙 둘러쳐진 멀리까지 다다르자 실뱀장어 그물도 넓게 쳐져 있는 면면들을 보게 된다. 육지에서 구경할 수 없는 풍경들과 처음 보는 생소한 바다의 전경이 마냥 신기하다.

그러자 저 건너 솔솔 피어나는 장어 굽는 냄새가 발길을 이끈다. 전라도의 손맛으로 빚어진 반찬의 맛이 일품이다. 생동하는 갈대를 가슴에 담고 입은 전라도 식(食)문화를 먹고 가지 않음 섭섭할 것이다.

드넓은 갈대초원이 펼쳐진 개펄 위를 보노라면 그 무엇이 부러우랴. 모든 생물들을 정화시키는 살아있는 기름진 땅 개펄. 쌍쌍 부표들이 동당치기며 자금거리는 물위에서 춤춘다. 짭조름한 해풍을 폐부 깊이 들이마시자 가슴이 후련해 온다. 저녁노을을 바라보며 마시는 커피 맛이 더욱 일품이다.

아직은 바람 끝이 쌀쌀한 느지막한 봄. 산다는 것이 뜻대로 되지 않을 때는 탁 트인 바닷가로 나와 짭조름한 바다 향을 즐기는 것도 괜찮으리라. 그러면 내 자신에게 좀 덜 미안할 것 같다. 세상을 또 다른 관점으로 관조할 수 있을 것 같은 예감이 든다. 숨 쉬는 자연을 먹은 내 머릿속이 외출하고 돌아온 듯이 순리를 역행하지 말자며 나를 조아린다. (2007. 『전남수필』)

그리운 그 향기

가을이 들어선 자리 속삭임이 내 귓가를 간지럽힌다. 억새가 하얗게 손짓하는 걸 보니 깊어가는 가을임을 말해준다. 누구나 살면서 잊을 수 없는 사람을 만난다. 그를 통해 성숙해지고 인생길까지 달라지기도 한다. 조건 없이 온전한 인격으로 상대를 바라봐 주고 이해해 주던 그에게서 온몸에 전율이 일었다.

내 마음을 사로잡아 박꽃처럼 미소 짓던 그녀의 모습을 기억한다. 내가 하는 말에 귀기울여 주던 이웃. 친구보다도 가족 그 이상의 고마운 이. 밥 짓는 저녁 무렵 피어오르는 저녁연기처럼 사랑 넘치던 그녀, 나를 뜨겁게 안아주던 이가 간절히 보고 싶다.

얼굴을 마주하면 성모님처럼 온유한 자태를 기억한다. 그늘진 나를 다독이기 일쑤였다. 내 안을 훤히 꿰뚫어 들킨 맘이 부끄러웠다. 사는 내내 구불구불한 길에서도 필자를 견디게 해준 긍정의 힘이었으리라. 삶의 큰 원동력이 돼 주었던 따뜻한 마음씀씀이 잊을 리가 없다. 무슨 연유로 감감무소식인지 궁금해진다. 소박한 마음에 따스함과 평온함이 잊히질 않는다. 혈육도 아닌 나에게 작은 행복과 온기를 전해준 그 고마움을 어찌 잊으리. 삶이 팍팍해지면 또다시 불현듯 사무치게 생각난다. 싸늘한 찬 기운이 돌고 외로움이 짙어지자 불현듯 가슴 한쪽이 지독한 그리움으로 시려온다.

매무새도 온유하여 기품이 있던 그. 있는 듯 없는 듯 잔잔한 미소로 자신의 존재를 드러내지 않으며 고요히 다가와 토닥토닥. 넉넉지 못한 형편임에도 불구하고 웃음을 잃지 않으며 늘 기도의 삶으로 수호천사로 다가오셨다. 신의가 있어 신앙 안에서 오랫동안 돈독한 이웃이자 교우였던 윤요셉피나 언니, 어느 해인가 군대에 가 있는 큰아들에게 면회를 갔다. 그는 그곳 서울용산 국방부성당 E주교님 수발을 하고 있던 터, 참으로 기묘한 인연, 반가워 어쩔 줄을 몰라 왈칵 눈물이 쏟아졌다. 아들과 국방부성당에서 재회를 한 고마운 인연을 어찌 잊으랴. 지병이 생겼는지 소식이 두절된 지 꽤 오래 감감무소식의 상황, 근황이 몹시 궁금하다.

그에게 늘 엄마의 냄새가 묻어났다. 언제나 인자로운 표정으로 포근하게 안아주었으며 온갖 고초와 시련을 견딜 수 있었음은 가슴을 어루만져 주던 수호천사의 은덕(隱德)이다. 연락이 닿게 되면 꼭 한번 긴 밤을 소곤대며 밀린 이야기를 나누고 싶다. 무리한 바람은 아닐 것이라며 혼자 되뇌곤 한다.

절박한 심정으로 잃어버린 둥지를 찾는 심정이다. 그의 미덕을 환산할 수는 없으나 내 가슴 한가득 쉽사리 잊힐 리 만무하다.

빠듯한 살림에도 불구하고 인천에서 순천으로 이사 올 때 예쁜 도자기 그릇을 선물로 주며 토닥토닥 가서 잘 살라고 격려해줬던 분. 엊그제 같은데 22년이란 세월이 훌쩍 가버렸다. 부엌에서 달그락거리며 그 찬기를 사용할 때마다 보고 싶은 얼굴이 생각난다. 가끔 서울에 가면 영등포역 일대에서 맛있는 걸로 배꼽시계를 채워 주었으며 여비를 손에 꼭 쥐어 주던 따뜻한 사람. 대가를 바라지 않고 베풂으로 다가왔다. 언제나 상대의 말을 귀여겨듣고 배려가 많았던 분. 빚진 탓에 고맙고 미안한 내 마음은 살면서 은혜를 갚을 날 있겠지 하면서 열심히 살아왔다. 살다보니 희비(喜悲)가 엇갈리는 일도 더러는 있으나 타향에서 어려운 고비에 처할 때마다 고맙고 감사한 그녀가 문득문득 떠올랐다.

삶의 무게에 짓눌려 그 고마움도 많이 무뎌졌다. 나이가 점점 들어감에 따스했던 기억들로 아쉬운 숨을 고른다.

거듭 순천 생활이 외로워질 때면 22년 전 인천 만수1동에서 살던 추억들이 간간히 솜털 구름처럼 몽실몽실 피어난다. 이 척박한 현실에 나 비록 외로운 사람이긴 해도 엄마처럼 따뜻한 이웃의 만남은 하늘의 축복이 아니고서야 어찌. 지복(至德)이 옹글게 있었던 거겠지.

교만하거나 훈계하거나 으스대듯 그런 기색은 전혀 없던 이.

가장 원초적인 엄마의 냄새, 그 향기와 그리움에 가끔 눈시울이 붉어진다.

따스함과 일치되는 부드러운 향기로 행복한 전율이 온몸에 인다.

세월이 얼마나 흘렀는지 필자도 그녀의 모습을 닮아간다. 절박하거나 상처 난 이웃의 마음을 위로하며 그 행위를 따라한다. 지난 시간을 뒤돌아보니 내 인생의 엄마처럼 다가온 그녀를 떠올릴 때면 온몸이 따뜻해져 온다. (2018. 11)

무정한 사람

뜰 안의 화초들이 싱그럽다. 주인의 따스한 손길과 관심을 먹고 자란다.

난 오늘도 감히 야심차게 오늘보다 더 나은 내일을 꿈꾼다.

수많은 시간 동안 세상사의 일들을 단절한 은둔의 삶은 외로움을 키웠다. 많이 예민하게 반응하고 이웃과 교우들로부터 넘치는 사랑도 받았으나 배척과 무시도 만만찮았다. 세상인심이 미묘했다. 나를 피하는 모습들을 목격했다. 현실임을 받아들임으로써 다시 나를 성찰해 보는 시간들이었다. 마치 소외당하고 외딴 섬에 홀로 된 듯한 처지로 몇 년을 살았다.

미래의 불투명한 내 모습을 얼룩진 도화지에 그리고 지우기를 수 없이 반복하며 아닌 척 더 화들짝 웃는다.

때로는 푸른 도전장을 꿈꾸기도 했었으나 요만큼뿐이다. 그러나 불안이 늘 너울댔다. 과음으로 횡설수설 둔감한 그의 이중적인 모습에서 우리 가정에 닥칠 환난을 이미 나는 알고 있었다.

삶의 습관들이 스스로 위험을 느끼길 기다렸다. 동반자에게 정신의 자유를 때때로 간섭할 필요가 있었다고 때늦은 고백을 한다. 집안 구석구석 발길 닿는 데마다 그의 흔적들이… 한순간. 그러면 안 되잖아 남자야! 세상 떠나는 그의 뒷모습을 보자 섬뜩했으며 아직도 가슴이 먹먹하고 서늘하다.

그이는 겁 없이 날마다 통음을 해댔다. 미움과 분노, 그리움, 꿈, 희망, 미래, 허기진 내 맘을 다 채우려면 많은 날들을 맞아야 한다. 비워진 빈방, 예정된 불운 등 삶과 죽음은 물리적으로 막을 수 있는 일이 아니었다.

서로 모습도 다르고 인격도 다르듯이 생각과 유형들도 다르다. 그에게, 온갖 멍에와 번뇌를 다 짊어진 나의 사랑은 지독히도 견디기 힘든 아픔이었다. 천상에 있는 그에게 전해질 수 있다면 얼마나 좋을까?

세월이 가도 아직도 내 곁에 있는 것과 같은 착각을 한다, 천국에서 우릴 지켜주겠지 하는 막연함이 애잔하다. 한세월 지나면 잊히겠지, 눈가엔 그렁그렁 그리움이 서성인다.

아무도 예상치 못한 비보. 빈소엔 지인들의 조문 행렬이 끝없이 이어졌다. 감출 수 없는 아픔으로 나 혼자 떨고 있었다. 빈 마음 자락으로 그를 가슴에 묻고 하늘로 보낼 준비를 못한 당혹감. 가장이 없으면 초라한 존재로 보잘 것 없는 처지가 현실이 되리라곤 예상치 못한 일이었다.

꾸역꾸역 눈물을 삼키며 가슴 달랠 길 없어 달빛 창가를 서성인다. 고난이 많았던 인생, 모든 것을 그에게 기대어 살았던 여인의 삶, 비로소 바보공주임을 인정한다. 징징 울어도 소용없다. 소리 죽여 흐르는 눈물 밥그릇에 찬밥덩이 물 말아 한 볼테기 처넣으며 이만큼 견디어 온 내가 장하다.

인생의 아름다운 동행자였던 자리에 빈 그림자만 서성인다. 쉽게 지울 수 없는 그림자들 많은 배려를 해준 그 사람이 때때로 너무 보고 싶다.

못마땅해도 든든한 그가 우리 곁에 있어 외롭지는 않았다. 나에게 할 말이라고는 그저 환히 웃어주는 게 전부였던 무뚝뚝한 사나이. 인생길이 지치고 힘들어도 노년이 될 때까지 늘 곁에 있어 줄 줄 알았다. 내 인생의 지울 수 없는 고마운 사람. 함께 살아온 세월 동안 포기하는 법을 알게 해주었다. 미움 가운데 겸손을 터득한 후 고맙고 소중한 사람임을 알았으나 가버린 그가 너무 야속하다.

누구나 사랑과 관심이 없으면 아무것도 아니다. 모든 것은 나의 운명이라 받아들이기로 맘먹는다. 그리움과 번뇌 속에서 소외된 이웃에게 내가 먼저 손 내밀어 다가가고자 한다.

과거는 추억에 불과할 뿐 소설 같은 내 인생의 한 부분을 가슴에 묻어둔 채 불면의 밤이 잦다.

발 묶이고 귀는 멀고 눈도 멀어 입은 침묵으로 혼자 지내는 시간들이 조금 익숙해졌다. 그가 긴 잠에 빠진 순천. 내 허리가 다 닳아 하늘 문 열리는 그날까지 살고자 한다.

뒤돌아보니 나름대로 얽히고설킨 인연들 어느 것 하나 소중하지 않은 것 없다. 단답형의 말없는 남자로 인해 수많은 날 촛불 밝혀 간절히 욕망의 덫을 내려놓은 결과가 요것뿐이다. 이제 세월이 함께 익어간다. 살면서 상대를 배려할 줄 아는 인간적인 사람이었는지 자신에게 묻는다. 아등바등 악역마다 않고 제 몫을 도맡아 했건만.

많은 인연들의 머릿속에 그는 어떤 사람으로 기억되었는지 알고도 남음이다. 어느 집 할 것 없이 둘 중 한 사람은 악역을 해야 가정의 굴레를 지킬 수 있는 일이라 생각한다. 아비규환(阿鼻叫喚)이라고 했던가. 인생의 단맛 쓴맛 몇 고배를 마시고 보니 말수가 줄어 침묵으로 내공이 쌓인 듯하다.

분노가 치밀어 허공을 향해 소리질러도 소용이 없다. 어미의 본분을 흩트릴 용기조차 없어 소금에 절여진 배추처럼 숨죽였다. 고

진감래(苦盡甘來)라 삶을 위한 발버둥을 치며 평온을 찾는다. 바싹 야위어진 내 얼굴, 말 몇 마디만 해도 눈물이 주르륵 …… . 객혈(客血)하듯 흘린 그 눈물 다 모으면 순천 동천을 흐르는 강물쯤은 될 것이다. 어둠속 현관문을 열고 들어서면 인기척 없고 온기조차 없는 싸늘한 빈 둥지, 짐승처럼 울어댔었는데 이젠 쓴 웃음으로 추억한다.

난관을 헤치며 사는 것이 바빠서 허겁지겁 살아온 모진 삶. 엄마라는 굴레로 살다보니 날도 가고 달도 흐른다. 마음 둘 곳을 찾아 헤매 어둠속을 방황한 지 벌써 수년째 빈 마음만 훑고 지나간다. 고요한 정적이 흐른다. 그리움은 저만치 달빛 젖은 창가에 서성인다. 배부른 사치는커녕 내 영혼을 부여잡고 안간힘을 썼다. 시퍼런 욕망들을 다 비워내고 진부한 내 삶의 등짐만으로도 허덕였는데 뒤돌아 볼 경황이 있을 리 만무 하다.

배우자를 잃은 상실감으로 순간순간 좌절이 소용돌이치며 막막했다. 누구나 다 가는 천상의 길이라지만 예고 없는 사별은 가족에게 충격 그 자체였다. 두 볼에 하염없는 눈물만 떨구고 아리고 아픈 가슴 부둥켜안고 울부짖다 잠들기를 수많은 날. 남은 가족들이 벼랑 끝으로 내몰린 참담함을 무어라 말할 수 있으리. 고난 속의 인내는 축복의 눈물이며 마음이 정화된다고들 하지만 나와 아이들에게는 쉽게 지울 수 없는 가족사의 슬픈 비극이 아닐 수 없다.

사정이 이러고 보니 꿈결이라도 무덤에 있는 친정엄마가 그리웠다. 애지중지 비 맞을라 추울까 더울까 행여 아프지나 않을까 걱정해 주던 울엄마가 그리워 더 울어댔다. 체할라 밥을 꼭꼭 씹어 아가에게 넣어주던 엄마 그 무릎에 기대어 울고팠다.

무정한 사람, 생은 짧았어도 그와 나의 행복했던 일들이 스친다. 혼란스러웠던 내 안이 고요히 한시름 놓는다. 작은 촛불로 밤을 지새워 태우고 나면 평화가 고요히 내려온다.

뭇사람들이 쉽게 툭 던지는 말에도 상처입어 아프다 못해 죽을 것 같았다. 남의 일이라 혀를 함부로 놀려댔다. 세상인심이 어리석은 나를 옭아매 숨이 막혀 죽을 만큼 야박했다.

힐끔 외면하고 지나던 어제의 이웃들. 어제 나와 거닐던 친구들이 뒤통수를 치면서 모른 척 쯧쯧……. 세월 가기만을 기다리며 뭉친 설움 달래야 했다.

사랑받는 여인의 삶은 끝났지만 어미로서 빈 둥지를 지킬 일이 과제로 남았다. 여자는 약하나 어미는 진정 강해야 했다. 매일 아침 무거운 몸과 떠지지 않는 눈꺼풀로 하루를 연다. 아들의 엄마로서 아이들에게 아버지란 존재는 귀하고 존경의 대상 그자체로 각인을 시켰다.

척을 짓지 말고 자신을 귀히 여겨야겠다며 너덜너덜해진 맘 달랜다. 삶 가운데 소중한 이를 잃었으나 원숙한 사람으로 거듭나기 위해 맘속 잡초들을 뽑는다. '내 지아비를 죽인 원수를 사랑하라.'

젖은 눈물을 닦고 시린 가슴 단단히 여미고자 마음을 다잡았다. 이별을 감당하기엔 너무 아팠다.

아들이 아빠가 없는 현실이 얼마나 아프고 견디기 힘들었을까? 상상이 안된다. 내 슬픔을 감당치 못하여 아이들의 맘을 어루만져 주지 못한 어미로는 미안하고 부끄럽다.

슬픔을 가누는 것도 힘든데 생활고가 고스란히 내 몫으로 더 버거운 사투를 했어야만 했다.

힘들어도 삐뚤어지지 않고 반듯하게 견디어 준 두 아들에게 고맙고도 미안하다. 어떤 이유에서든 두 아들을 바라보며 희망의 끈을 놓지 않으려 더 인내해야겠다.

고인 눈물 닦고 현실을 극복해야 비로소 꽃도 피울 것이다. 내게 무슨 무지개가 뜰까만 이 같은 꿈을 꿀 일이 있을까? 생각이 긍정적인 사람은 행운이 밀려온다지. 말의 '힘' 말이 씨가 되고 말은 파동을 일으키어 내뱉은 자도, 들은 자도 피해를 입는단다. 축복의 말, 격려의 말, 상대에게 미치는 파장이 크다. 누구에게든 축복을 빌어주자. 넉넉한 마음으로 춤을 출 만큼.

죽음은 모든 인간들이 시간의 장벽을 깨고 가는 곳이다. 늙음을 넘어서서 죽음과 늙음을 의연하게 인정해야 행복하다. 삶의 모티브와 가치관 등 소유에 대한 욕망도 비우고 너무 연연하지 말자. 외로움은 철저한 고독이다. 고독을 넘어 홀로 있는 자유를 즐겨보자. 밤과 낮 거리의 현란한 조명과도 같은 존재에 불과하다. 가진 것이 많으면 영혼이 병든다고 하지 않았던가.

양지 녘에 핀 작은 보랏빛의 제비꽃을 보고도 행복을 느끼는 바보 같은 사람이다. 인간이 재물에 대한 탐욕은 눈까지 멀게 한다. 집착이 넘치면 양심도 염치도 없어진다.

삶의 모티브를 어디다 두고 가치관이 어떤 것인지도 생각해 봐야 할 일이다. 자기 인격체는 인내가 없으면 세상 욕심으로부터 벗어나기가 힘들다. 뼈저린 아픔 뒤에 오는 암담함 아들의 엄마는 옛일들을 추억한다. 그의 체취와 그의 유품들 아직 흔적이 곳곳에 남아 있다.

지아비의 부재가 아직도 태산처럼 크다. 이 시간이 아픈 만큼 내일은 더 행복해질 것이라는 희망을, 아니 해가 뜬다고 말하리라.

(2012. 『동천』)

3부

소통의 창

간절한 기도
행복의 열쇠
비움
비운의 주인공
끈
소통의 창
트라우마

간절한 기도

가을 끝자락 단풍색이 다 바라고 바람결에 숲이 성글어졌다. 힘없는 낙엽은 혼신의 힘 다해 파르르 떨고 있다. 터벅터벅 인기척 없는 빈집으로 들어서는 발길은 늘 쓸쓸하다. 집안은 아무 미동도 없이 적적하다. 습관처럼 아들의 방안을 들여다본다. 주인 없는 방안에 싸늘한 냉기가 감돈다.

게으름이란 나와는 먼 이야기, 온종일 몸과 마음의 진액을 모두 쏟고 집으로 가는 발길은 탄력을 잃었다. 어둠이 내려 둥지를 찾아들 때 피붙이가 옆에 없음은 어미란 빈껍데기는 슬퍼질 때가 많다. 식솔들이 모여 따스한 밥 한 술 마주하고 먹을 수 있음은 평범한 삶 가운데 기쁨 그 자체이다. 곁에 서로의 힘이 되는 동지(同志)가 있다면 참 좋겠다며…….

식솔들이 곁에 없는 난 두렵다. 큰 산처럼 든든한 가족들이 아무도 없어서 늘 무섬증에 시달리게 된다.

삶의 길 위에서 마주치는 절실한 사안들과 홀로서기가 언제쯤 괜찮아지려나? 참담할 때가, 찬바람에 낙엽을 가슴으로 희망과 자유를 끌어안으려 한다. 에너지를 다 소진한 몸은 집으로 들어서면 그대로 픽 쓰러져 시체가 돼 버리기 일상. 바깥 날씨가 더 쌀쌀해서인지 부엉이 우는 가을밤이면 더 뒤척인다. 절름발이의 삶, 허기진 가슴이 좀처럼 채워지지 않는 까닭은?

나에게 가족이란 존재는 기쁨의 근원 그 자체. 세월을 더 먹으면서 가끔 돌부리에 걸려 넘어지기도 하며 혼자 사는 것에 익숙해지고 있다. 혼자 있는 고요한 시간 차라리 풍류를 즐기면 더 좋겠지라는 생각이 잠깐 스친다. 소중한 가족들의 빈자리, 체념하기가 쉽지 않은 현실. 언제쯤 괜찮아질까.

물질적인 풍요를 많이 누렸으며 기쁨과, 감사, 사랑으로 그땐 행복했었지. 그는 물질과 온갖 것들을 이웃들에게 덕을 베푸는 삶을 살았다. 환한 웃음과 선한 눈빛으로 베풂의 선업(善業)을 실천하고 간 사람, 오늘따라 그의 환한 미소가 그립다. 따뜻한 미소와 사랑과 배려 모자람이 없는 선한 미덕을 베풀고 나눔에 인색하지 않았으나, 베풀고 먹고 마시는 데는 차고도 넘쳤으나 자신과 가족의 앞

날은 걱정 않고 자기방식대로 그렇게 세상을 마감했던 밉고 그리운 사람.

자유로운 나의 영혼은 형식에 얽매이는 것을 매우 싫어한다. 어느 한곳에 옥죄임은 더더욱 싫다. 사람답게 좀 더 윤택하게 살고 싶은 욕망이다. 내면의 에너지를 자유롭게 표출하며 살고 싶지만 그마저도 쉽지 않아 숨이 턱턱 막혀 치명적인 인생길. 나를 지으신 분은 자유를 감금에 가깝게……. 머리카락 하나하나까지 다 세어 놓고 관리하시다니 가혹한 날들 온 몸으로 자기성찰의 시간을 껴안았다. 날 수도 맘껏 뛸 수도 없이 두 발은 묶인 채 두 귀는 들어도 못들은 척 입은 벙어리로 살라는 명령처럼 자유를 꿈꿀 수 없었다. 감옥 같은 유리 상자에 갇혀 산 시간이 어느새 10여 년. 푸른 하늘을 가르며 맘껏 날고 싶었던 수많은 날들. 훨훨 날고 싶었지만 날개 꺾인 천사는 퍼덕퍼덕 숙명적인 고난과 십자가를 부여안고 견디기 힘든 고행에 임했다. 수많은 다툼, 시기, 질투, 실패, 좌절, 낙심, 불평 시행착오의 어리석음을 딛고 이만큼 성숙해졌다. 이 낮은 자리에서 무얼 더 두려워하랴, 지금 이대로도 감사가 넘친다. 온갖 두려움 가운데 한숨도 눈물도 겉치레도 부질없음을 깨닫는 시간이 퍽 오래 걸렸다.

그는 일찍 천국으로, 큰아들을 그분께 봉헌하고 둘째는 아빠와 형의 도움도 없이 꿋꿋이 사는 뒷모습이 늘 애잔하다.

이렇듯 거친 파고를 헤치고 굳건한 주님의 은총과 축복으로 살아남을 수가 있었다. 겸손하게 작은 것도 소중히 하며 웃음을 잃지 않으려 애썼다.

인내로 삶을 관조하며 알알이 주렁주렁 추수할 수 있는 날 오기를 간절한 소망의 기도를 올린다.

때때로 서녘 위에 어둠이 하늘을 베고 누울 시간 혼자 눈물을 반주삼아 한잔 술을 기울일 때도 종종. 뜰 가득히 낙엽이 쌓일 때면 나의 시름도 이젠 내려놓고 싶다. 인간의 속성을 보는 안목이 생겨나고. 조금씩 삶을 관조하는 눈이 떠지듯 명상의 시간이 길어진다. 누가 아첨 섞인 행위로 달콤히 다가와도 그 눈빛을 보면 참과 거짓의 내면을 읽을 줄 아는 지혜를 얻은 건 내공의 시간들이 깊어서일 것이다. 이제 모든 축복이 나의 분신 아들들과 세상 모든 사람들에게 함께 누릴 수 있기를 간절히…….

행복의 열쇠

아빠란 가정의 수호신이 정자나무처럼 오래오래 한세월 다가도록 함께 우리 곁에 있는 줄로만 알았다. 그랬으나 그 작은 행복마저 헛된 욕망에 그치고 말았다. 무엇에도 구속받고 싶지 않은 인생 웃음 싣고 바람에 실어 바람처럼 구름처럼 정녕 그리 살 수는 없는 것이 내 앞에 놓인 아득한 삶인가 보다.

밑바닥에 깔려 있는 마음은 저잣거리에서 놀고 산속 들 속에서 놀고 싶으나 그저 맘만 들락거릴 뿐이로다. 세상이란 넓은 바다를 항해하는 현실이 그리 만만치가 않다. 나의 열정 실어 즐겁게 꽃피우고자 고민이다.

고요히 삶의 뒤안길을 뒤돌아 볼 수 있는 때. '행복의 열쇠' 부초처럼 떠다니는 삶이 아니길, 지혜로운 선택이 필요하다.

아들들이 졸업할 때까지 쪼매만 더 곁에 머물러 줬더라면 하는 그 간절한 아쉬움이 더 절절할 뿐 이 또한 내 몫인 걸 어찌하리. 가을 끝에 다다른 나무들은 벌써 내년을 기약한다. 다른 세상과 맞물려 소통하고 있는 깡마른 나무들의 모습들이 새삼 경이롭다. 훌훌 털고 당당히 겸허하게 바깥세상과 소통하고 타협한다. 햇빛과 바람 일구어 철철이 스스로 싹 틔우고 잎 피워 열매 맺는 저 끝없는 대자연의 순리를 어찌 거스를 수가 있으리. 순리대로 사는 게 생존의 법칙이니라. 자연과 더불어 온갖 색색의 단풍들을 보면서 시끄러운 내면을 들여다본다.

진실은 다 덮어지고 참고 기다려야 하고 악이 난무하는 이 시대에 여인 나무 한 그루 덩그마니 외로이 섰다. 그리하여 지난 한 시절을 반추해보며 내 안에 떠도는 단어들을 하나하나 곱씹어 가을을 보낸다. 난 배우자에게 얼마나 배려를 했는지? 인내했는지 좀 더 섬세하고 다정하게 더 인내할 수 있었는데. 그걸 아는 만큼 아리고 서러워 정수리 머리카락이 한 움큼씩 빠진다. 미운만큼 더 애틋하고 안타까움만 더하다. 한숨과 눈물은 많이 잠잠해졌다. 나름대로의 지침은 있으나 심리적인 두려움과 밀려오는 고민들을 틈틈이 털고자 애쓴 흔적이 역력하다. 불규칙한 식생활과 균형 잡힌 영양의 밸런스가 깨지고 감기가 잦아지면서 체력에 빨간 벨이 울린다. 어디에 서

있는지 어디로 가야 하는지 방향감각을 잃어버릴 때가 종종 있으나 엄마라는 위치로 다잡는다. 삶이 아무리 힘에 부친다 해도, 그저 세월의 힘 빌어 웃음을 찾는 날까지 혼자의 삶을 걸을 것이다.

내가 가는 인생길이 둘일 때보다 혼자는 아득히 멀고 매우 척박하다. 느낌이 사뭇 다르지만 웃음을 잃지 않으려 최면을 건다. 갖가지 위기를 극복했으나 홀로는 정말 아픈 삶이다. 자기감정 추스르는 법을 서서히 터득하는 과정 중. 혼자는 지루하고 멀기만 하다. 인간관계의 중요성에서 타성에 젖어 어떻게 처신하며 살아가는 게 옳은 일인지 난감할 때가 많다. 좋은 유대감을 가지고 감정에 충실하려 애써 보지만 어떻게 헤쳐 나가야 할지 곤욕이다. 이웃들과의 친교에서도 심리적으로 위축이 되어 뒷걸음질 쳐 소극적이고 저조해진다. 빨갛고 오동통했던 기름진 내 마음 밭에 가뭄이 짙어 바싹 메말랐다. 다시금 물주고 햇빛 비추어 또 다른 생명을 싹 틔울 수 있도록 물주는 거 소홀하지 말아야겠다.

내일 해가 뜬다고 했지. 그 희망을 따라 묵묵히 묵향을 피우며 내 삶의 진풍경을 그리리라. 고뇌를 알기에 오롯이 간절한 소망으로 이 길을 걸으리라. 나이답게 베풀고 봉사하며 순리대로 살면 되는 것이다. 자식이란 나한테서 뗄레야 뗄 수 없는 거 아무리 어려워도 함께 짊어지고 가야 할 나의 분신. 그 무엇에 견줄 수 없는 진정한 가치. 행복이 뭐 별거인가.

비움

사람이면 누구나 경제적인 풍요로움을 갈구하는 일이 당연시되는 우리 사회에 한 모습이다. 나의 주변 사람들을 보면 수입 차량 또는 고가의 좋은 차를 과감히 타고 다니는 모습이 때론 부럽기도 하다.

부모 자식 사랑은 당연한 것이다. 누구의 자녀는 해외 유학설에 매일 골프에다 해외여행까지 다녀왔다. 라는 말을 더러는 가만있어도 풍문으로 들려온다. 태연한 척 하지만 서민의 문화와는 먼먼 격이 다르므로 할 말을 잊는다. 당연한 일인데 남의 풍요로움에 괜스레 곤욕을 치른다. 아무리 빈 마음으로 살려고 애써 보지만 물질이 뒷받침 안됨으로써 경제적인 부의 척도에 뒤지기 마련이다. 부자들을 따라갈 수도 흉내낼 수조차 없어 나도 모르게 주눅이 들고 할 말을 잊는다.

경제적 부유함이 반드시 행복의 탑승 열차라고 말할 수는 없다. 그러나 누구는 캐나다, 중국, 심심찮은 유학설에 부자들의 대열에서 그만 내 마음이 파랗게 질린다. 흥분해서 될 일이 아니다. 때로는 씁쓸하고 자존감이 더 상실된다. 조상 탓 내 탓이다. 즉 빈부의 격차에 넋을 잃고 만다.

돈이 많으면 많은 대로 윤택하여 행복하겠지. 많이 가져보질 못하여 그 척도를 알 수는 없다. 많다함은 편리하고 삶의 질이 풍요롭고 윤택함은 인정해야 할 일이다.

이 사회가 인성은 뒷전이고 점점 더 물질만능주의로 변해가고 있는 추세가 안타깝다. 가진 것 없어도 웃음이 피어나던 우리 집. 풍족하진 못해도 만족하고 감사할 줄 아는 나와 아이들. 그러나 예금통장의 잔고는 늘 제로. 작년까지는 몇 푼 정도 있었는데 아이들의 나이가 보태질수록 이젠 마이너스로 가고 있다. 더 늘어나야 할 잔고가 바닥을 보이는 것이 절망에 이르렀다. 어떻게 어디서 위로를 받을까. 억장이 무너지기도 한다. 부자라는 것은 먼 나라 이야기처럼 들린다. 좀처럼 씁쓸함이 삭여지지가 않는다. 점점 말문이 닫혀 체념을 해야 한다. 비워야 하는 일임에도 잘 안 된다.

한꺼번에 밀어닥친 알 수 없는 아들 녀석의 진로로 갑작스런 그 기쁨도 잠시. 허탈감에 한순간 내가 마치 직장 잃은 실업자처럼 망연자실하여 넋을 잃고 불투명한 미래에 대한 절망이 불현 듯 스쳤다.

의연하게 대처해야 되는 줄 알면서 주변의 시선들과 정신적인 박해로 송곳으로 찌르는 듯 아프다. 넉넉한 살림이 아니었어도 우아하게 사는 법을 배우며 누려 왔었지. 사치를 부리며 살지 않았어도 일순간 모든 것이 와르르 무너진 기분이다. 다른 이들도 나와 같은 경험하고 사는 이 있겠지?

지나치게 큰 꿈을 꾼 것도 아니다. 내게 불어 닥친 엄청난 일들, 감사함도 잠시 접어두고 자학을 하며 심신미약으로 좌절과 절망으로 견디기 버거웠다. 호사스런 행복은 꿈꾸지 않는다. 나를 버리는 연습을 해야 된다니, 늘어나는 사람들의 시선 때문에 따가운 체감을 느끼고도 남는다.

누군가가 내가 가진 것을 전체로 현재 부유하게 느끼는 법을 인성하라. 그렇지 않으면 늘 마음이 가난해진다고 했다.

살면서 가진 자들 앞에서 기죽어 할 말을 잊기는 처음이다. 자신이 너무 초라하고 빈자임을 알게 된다. 너나 할 것 없이 신분의 차별도 감내해야 했다. 빈자는 쉽게 밟히고 또 실제 경험도 하며 견디기 힘든 과정. 내가 가난하다고 느껴보기는 최근의 일. 빈손 빈주머니여도 당당했다. 넉넉하지 않았어도 행복했다. 그러나 착각이었다. 세상의 사람들은 인품과 그 사람의 됨됨이보다는 신분으로 평가와 격을 두는 것을 더 많이 보고 느낀다. 그래서 그렇게들 부를 축척하려고 안간힘을 쓴다. 또 먹물을 더욱 진하게 들이는 것으로 안다. 내 집에 고슴도치 같은 아이들이 있고 집과 남편이 있음을 소박한 행복인 줄 알고 살아왔다. 그러나 지금은 인간들의 욕심이 어디까지인지 만족도는 어디까지인지 알 수 없어 혼란하다. 바람 소리를 듣고 달빛에 비치는 그림자를 보고도 행복하던 난 낮은 자의 삶으로 한 여인은 그저 말문이 닫힌다.

저녁 어둠이 내릴 때면 비애감으로 더욱 말이 없어진다. 때론 사는 게 무의미해진다. 삶이 시시하게 느껴질 때면 오일장에 나가 시장 상인들과 오일장의 광경을 둘러보며 위안을 얻는다. 사는 방법도 다 다르다는 것을 보면 희망과 용기가 얻어지며. 나도 모르게 넉넉해진다. 비린내 나는 삶을 살아도 호탕하게 웃으며 사는데 무엇 땜에 기가 죽는지 나도 모르게 비애감에 젖는다. 그러다가 출출하면 빈속을 달래주는 국밥으로 세상 시름 잊는다.

밥은 몸을 번다고 했던가, 먹고사는 일에 급급하여 먹고사는 일이 제일 귀하고 중하다는 말도 옛말이 아닌 듯하다. 날고 기며 세상 무서운 줄 모르고 뛰던 내가 안팎에서 깨지고 부서진 내 삶. 무얼 알 것 같은데 삶의 질이 제자리걸음이다. 마음 하나도 내 스스로 다스리기가 어렵구나. 무엇 때문에 매일 칼끝으로 가슴을 헤집는 것 같은 고통인지 점점 작아지고 낮아진다. 그러나 매일매일 행복해지는 연습을 하며 산다. 작으면 작은 대로 크면 큰 대로 제 각자 쓰임이 분명 다르겠지. 마음 비우고 산다는 것이 그리 호락호락하지는 않을 것이다. 그러나 늘 자신을 다잡으려 무진 애를 쓴다.

하루를 정리하며 잠자리에 들면 좋은 기억들을 더듬으며 하루의 곤함과 함께 잠든다. 그러나 타인들의 좋은 모습만 보고 좋은 기억만 주머니 속에 담고 살자며 나를 다독인다. 좋은 기억만 담기에는 돈으로도 살 수 없는 것이며 그저 담담할 따름이다. 쉬운 일이 아님을 알기에 사람들의 포장된 모습을 발견하게 되면 소스라치고 뒷걸음치게 한다.

비운의 주인공

게발선인장이 마치 저승꽃을 상징하듯 주인 없는 방안을 붉게 가득 피웠다. 아무것도 바뀐 것이 없다. 설 명절이라 친정집에 찾아갔으나 북적이며 살았던 빈집만이 덩그렇다. 준비해간 작은 꾸러미를 살며시 거실 바닥에 놓았다. 쓸쓸하고 무거운 침묵만이 감돈다. 잉칼진 목소리가 앞산 뒷산을 쩌렁쩌렁하게 메아리쳐 울리던 그분의 빈자리. 인간이 부와 명예 등의 욕구를 채우고자 갖가지의 수단과 방법으로 살았으나 고작 백 년도 못 사는 덧없는 인생. 마치 천년만년 살 것처럼 욕심을 내며 사시더니 모두가 허사요 부질없음을 말이다.

그리워하면 할수록 가슴속에는 늘 아릿한 설움이 차오른다. 상대

방의 말은 아랑곳 않으며 늘 일방통행이던 임의 살아생전 모습. 김서방(남편)이 좋아하는 손국수를 곱게 썰어서 맛스럽게 끓여 주시던 분, 억척스런 구시대의 어머니이로 옹고집의 삶을 사셨지. 당신의 정성스런 밥상을 즐겨먹었던 기억들이 새삼 저녁 연기 피어오르듯 그립구나.

딸의 고민이나 아픔을 어루만져 주거나 다독이기보다는 오히려 가시 같은 아픈 기억들을 들추어 아프게 만들었다. 모정 결핍이었던 나의 빈 가슴. 여느 어미가 다 그렇듯 자식 사랑 위대하지 않는 이 있을까. 그 애정이 넘쳐 온몸으로 희생을 일삼던 어머니의 삶. 그러나 나의 모태인 당신, 얽히고 맺힌 매듭을 끝내는 풀지 못하고 이승을 하직하신 것이 너무도 안타깝다. 사람의 마음은 간교하기 이를 데 없이 상황에 따라 시시때때로 변화하는 게 인간이며 성격에 따라서도 각기 다르다. 미천한 내게 "딸아……" 한마디쯤은 남기고 먼 나라로 가실 줄 기다렸으나 그것마저 헛된 욕심에 불과했다. 홀로 병상에 있을 때 당신과 나, 둘이서 데면데면 말을 해보았지만 끝내 입을 굳게 다물던 임. 묵묵 묘답으로 당신은 당연하다는 듯 말문을 열지 않았다. 끝까지 미워했다. 표현 방식이 달라서일 거라고 얼버무리기엔 자식으로서 얼마만큼의 아픔이고 상처인지 모르고 눈을 감았을 것이다.

작은 위안이라도 찾아보려 애써 보았지만 딸이 어미를 이해해야만 했던 슬픈 비애. 이만큼 살아오는데 맘 둘 곳 없어 신께 의지하며 살아온 내 출생의 비밀을 떠올리면 허공에 둥둥 떠오르는 공허가 나를 미치게 한다.

엄마가 산으로 이사 가던 날은 햇살이 따갑던 청명한 가을. 엄마는 공기 좋은 그곳에 흙집을 지어 아버지가 있는 옆집에 둥지를 틀었다. 무덤으로 가는 오솔길에는 개똥참외가 따가운 볕에 노랗게 익어 잠시 여유를 부리며 웃음 지을 수 있었다.

엄마를 산에 두고 온지 벌써 2년이란 세월이 흘렀다. 살아생전의 기억을 더듬으면 그저 무덤덤해질 뿐 애잔함이 사라진다. 진정 냉정하고 무정했던 알 수 없는 엄마. 저승길이 멀잖은 그 상황까지 자식이 엄마를 이해하고 용서하자고 맘먹기까지 가슴이 찢어 질듯 아팠던 세월이 밉고 야속하기 그지없다.

내게 엄마란 존재가 무언지? 가슴에다 담고 긴 세월 살아온 날들. 미움은 또 다른 적을 낳았다. 미움은 마음을 병들게 하고 그 미움이 자라나서 내 몸 구석구석 세포를 병들게 한 지난 세월, 어찌 잊을 수 있으리. 부끄럽다. 돌연변이이었는지 친형제 자매들과 나의 정신세계는 전혀 달랐다. 내가 이상한지 특이한 유형의 가족들을 배려하고 함께 수긍하기까지 증오와 적대감으로 부자연스런 관계. 아들과 돈에 더 애틋하고 자식 사랑에 전생을 다 바치신 억척의 삶. 육신은 다 망가져 몸은 가벼워지고 줄어든 머리카락 수만큼이나 흘러간 긴 세월. 당신을 생각하면 내안에서 웃음보다는 늘 우울한 먹구름이 피어오른다. 살면서 세상 그 누구에게 말 할 수가 없었으나 이제는 털어버리고 해방이 되고 싶다. 잊고서 용서하자. 미움에서 벗어나 천국이 되고 싶다. 빈 마음 빈집이고 싶다.

어느 날 평소 늘 시난고난한 내 육신, 맏언니로부터 전화가 왔다. 건강 운운하며 안부를 물어온다. 무려 48년 만에 비밀을 알았다. 8남매를 출산한 모친에게 나는 여섯 번째, 4남 4녀 중 셋째 딸 여섯째로 잉태되었다. 원치 않은 임신된 비운의 주인공인 나였다. 낙태를 하고자 독성이 강한 약초를 삶아먹고 뒷산 가서 뒹굴고 했으나 죽지 않고 태어난 '나'. 나는 전화를 끊고서 한없는 눈물을 쏟아 냈다. 그제야 무관심 사랑의 목마름 ……. 산에 가신 두 분께 가서 울어 봐도 소용없는 일이다. 용서하리. 진정 용서하리라. 이제 나의 온전한 새 삶을 살아야겠다.

부모는 나를 세상에 나오게 해준 끈이지만 끊을 수도 없는 것이 자식의 연이다. 원망과 미움 분노했던 내가 아니던가. 온전히 용서하게 될지 체념을 할지 애쓰지 않으려 한다. 이젠 용서하고 싶다. 내 안의 주인님께 맡기고자 한다.

이듬해 가을 엄마의 첫 번째 기일을 며칠 앞두고 그이가 불시에 황망히 내 곁을 떠나갔다. 늘 환한 웃음으로 나를 사랑해준 고마운 사람. 남자는 부인이 죽으면 반을 잃지만, 아내가 배우자를 잃으면 전부를 다 잃는 격임을 뒤늦게 알았다. 배우자를 먼저 떠나보내지 않고서는 홀로 된 미망인을 그 누구도 이해하기가 어려울 것이다. 얼마만큼 비참하고 참담한지 무어라 표현할 길이 묘연하다. 내게 빛이 되어주던 정 많던 사람. 고난과 절망 가운데 불씨를 잘 관리했다고 생각했었는데 교만이었다. 주변 상황이 미묘하고 행동거지가 매우 제한이 된다. 선친도 엄마도 시어른도 남편마저 다 떠나신 이 마당에 무얼 더 맘에 담아두리. 빈 항아리로 고요하게 비우고자 한다. 어쨌든 저들을 용서해야 될 터. 사랑의 끈으로 이어진 관계. 당신께서 내 영혼의 밝은 빛 평화의 축복으로 가득하길…. (2008)

끈

계절이 바뀌고 그 세월이 변해도 가족만큼은 늘 내 마음 안에 영순위에 존재한다. 세월이 흘렀어도 소중한 남편, 소중한 아내, 귀한 자녀, 서로 존중하고 신뢰하며 사랑을 키우는 축복된 가족.

생각보다 고단했지만 내 삶이 많이 흘러 홀가분한 인생이 그런대로 누릴만하다.

가정이란 울타리는 그 무엇도 견줄 수 없는 고귀한 보금자리이자 위대한 창조 사업의 으뜸이다. 그 어디에다 견줄 수 없는 신비이자 경이로움 자체이다.

가족 간의 만남도 하늘과 땅이 하는 조화로운 창조 사업. 물 흐르듯이 자연스레 억지로 이루어질 수 없는 무리는 아무렇게나 될 수 없다. 세상 살다 보면 실타래 풀리듯이 일이 잘 풀려서 건강과 재물, 권력 등 모든 일이 만사형통이면 무슨 걱정이 있을까? 하지만 한 치 앞을 점칠 수 없는 게 인생이다. 온갖 고뇌와 우환이 겹치고 힘든 고개를 넘으면 괜찮으려니 해도 또 더 큰 험한 산이 내 일을 기다리기도 한다. 가족이 무얼까?

내가 지쳐서 식음을 전폐할 때, 시련이 닥쳐 휘청거릴 때 그 손 꼭 잡아 위로해 주고 밀어주며 가슴으로 보듬어 아픔을 함께 나누는 것이 가족이다. 그러나 피를 나눈 형제라도 함께 아파하고 기도해 주기는커녕 외면과 현실 비난의 소리를 듣는 일들을 겪기도 했다. 그러나 많이 살벌해진 세상살이. 고난 가운데 두 손 모아 간절히 기도해 줄 수 있는 가족이 있다는 것은 축복이다.

어떤 지인은 이혼이라는 시련과 또 사업 실패를 경험하고도 건강한 웃음으로 잘 산다. 가족애의 끈끈함이 얼마나 돈독한지 삶을 다시 새롭게 재기하여 걸어갈 수 있도록 이끌어 주던 가족의 모습은 부러울 만큼 단단하고 아름다웠다. 당사자는 힘을 얻어 다시 살길을 찾았고 활기찬 예전의 당당한 모습으로 보기 좋았다.

남다른 가족의 훈훈한 모습. 나는 잊을 수가 없어 되짚어 기억한다.

부족함을 탓하지 않고 가슴으로 보듬어 안아주는 가족의 힘.

인연이란 땅에 속한 일이지만 우리들이 잘 숙지되어 떡 주무를 만큼 만만한 일이 아님을 왜 모르리. 세상에는 하늘과 땅이 조화를 잘 이루어 자리를 지키고 있기 때문이다. 만남이란 조화롭게 아름다운 삶의 터전을 인간과 인간이 어우러진 여정의 날들이리라.

가족이란 관계는 혼인의 절차로 하늘이 맺어준 숙명적인 운명의 질긴 끈이다. 서로 부족함 가운데 이해와 배려로 꽁꽁 묶어진 끈이며 세상에 까닭 없는 인연은 없다.

짧은 인생 살면서 순풍에 돛 달 듯 꽃피고 새 울어 늘 행복하게 밝고 환히 웃을 수 있다면 참으로 좋은 일일 것이다. 행복하고 소박한 작은 울타리.

그 웃음 이면에 작든 크든 한번쯤 주변을 둘러보면 근원적인 문제점이 깔려 있으며 모색을 향한 몸짓이 짙다. 누구나 인생길에서 자기가 감내해야 할 고비가 있게 마련이다. 부모와 자식 간에도 말 못할 치부를 다 드러내놓기란 쉽지 않은 일이다.

마냥 행복한 삶을 여유로이 가져 봄이 좋으련만, 나는 초토화시킬 만큼 크나큰 시련기와 건널 수 없는 강과 어려운 쓰라림을 만나기도 했다.

인간은 망각과 착각의 짐승이다. 어제의 엄청난 일들을 언제 그랬냐는 듯 까맣게 잊고서 오늘 또 아무렇지 않게 히히호호 할 수 있는 동물이 바로 나요, 내 가족이며, 이웃이다.

마음 안에 차지하고 있는 미움은 또 다른 미움을 불러올 뿐 어떤 문제도 해결의 실마리는 없다.

오늘처럼 가을비가 하염없이 내릴 때면 마음 안섶이 눅눅해져서 공연이 쓸쓸해진다. 살림살이도 별반 다르지 않다. 조화롭게 사람의 숲에서 함께 살아가야겠다. 그러나 남들이 알지 못하는 어여쁜 꽃 한 송이 피우는 따스한 가슴으로 자성의 시간을 가져 본다.

가정이란 울타리에서 화려함마저 허물을 벗는 이치의 지혜를 나도 배워야겠다. 묵묵히 지켜온 낡은 청춘 앞에 절로 고개가 숙여진다. 시련 때문에 세상을 등진 사람이 아니라 비바람의 세월을 묵묵히 견디고, 의연하게 그늘을 드리우는 무성한 한 그루 고목 같은 사람으로 살고자 애써야겠다. 창문을 두드리는 세찬 소나기 소리를 들으며 빗소리의 여운을 느껴본다. 가을비 오는 고운 날 단란했던 가족이 그립다.

소통의 창

고뇌의 흔적이 깊었던지 맘이 조금 여유로워졌다.

외로움을 문학이라는 어깨에 기댄 오래된 가슴 하나. 아린 가슴 보듬고 흙바람 속에서도 멈추지 않고 걸어야 했다.

매일 밥은 먹었니? 하는 인사를 듣는다. "네"라고 하는 그 대답 가운데 씹는 밥알은 살기 위한 발버둥이요 살아야 하는 이유 외에 무슨 대답이? 식감을 즐기며 밥을 먹어본 지가 언제인지 모른다.

웃음 뒤에 숨어있는 외로운 모래알 같은 밥알을 씹는다는 표현이 더 맞을 것이다. 아파도 아파할 겨를도 없다. 위기에 처한 곤경을 잘 헤치고 나갈 수 있기를 바랄 뿐이었다. 세월 지나고 보니 그 아픈 만큼 단단하고 성숙해진 듯하다. 지난날 온갖 것을 다 누렸을

법한 그 호사 뒤에 눈물 닦는 연습까지 숙제로 남겨지다니, 모든 것은 주어진 숙명이자 또 심오한 뜻이 있겠거니 하며 극복을 애썼다. 글다운 글 한 줄 못쓰면서 문학이랍시고 나를 글로 옮긴다. 세상에는 헤아릴 수 없는 수 없는 인연들이 많다.

그 인연들 중에 똑같은 모습과 향기를 지닌 이가 드물다. 꽃들도 나무도 제각각 어느 곳에서 자생하는지 꽃 피우는지에 따라 자태가 다르듯. 수많은 꽃들의 모습을 관찰하면서, 사람의 형상과 성격들도 제각각이며 다 다름을 깨닫는다. 어떤 환경에서 살았는지 부모들의 삶의 형태에 따라 출생지가 도시, 시골, 산골, 바닷가, 또는 섬 지방에 따라 개개인의 차이나 생각들, 꽃 피우는 모습이 천차만별이다.

분명 감사한 일이나 어떤 이는 비웃는 이가 있는가 하면 감사는 커녕 콧방귀, 질투어린 시선, 또 필요 이상으로 칭찬을, 무얼 먹고 무얼 듣고 살았는지는 그 사람의 언어와 행동, 눈빛과 표정에서 알 수 있다. 좋은 환경에서 공부하며 경제력이 좋은 부모로부터 성장해 온 이들이 반드시 좋은 인성을 지녔다고 단정할 수 없다.

햇볕과 바람을 적절히 맞은 꽃과 나무는 꽃이 단단하고 화경이 예쁘며 잘 시들지도 않아 본연의 꽃다운 고귀한 모습을 오래 유지한다. 나는 그야말로 척박한 자갈밭에서 그 뜨거운 땡볕 아래 온갖 비바람 다 맞고 간신히 의연하게 여기까지 왔다. 남들이 들으면 무색할 만큼 허허호호 웃음으로 변장함은 무엇인지 나도 모른다. 뾰족한 모남을 동글동글하게 만들기까지 인고의 세월이 필요했다. 그랬다. 나의 잉태와 출생부터 매우 척박한 돌밭임을 알고 보니 가슴이 서늘해왔다. 본성이 그리 나쁘진 않았던 것인가 고비 고비 고갯길 넘고 또 넘어 비로소 지금의 이 평화가 나를 행복하게 한다.

아이 적 기억들을 떠올리면 달빛 스며드는 밤 참 많이도 훌쩍이며 눈물 훔쳤다. 꼬마 아이는 여느 집 부모님과 비교할 줄도 모르고 부모님이 세상에서 최고인 줄 알았다. 부모는 내가 선택하는 것이 아니요 세상에 나오기도 전에 이미 선택되어지는 것이다. 어쩔 수가 없는 부모 자식 간의 운명적인 연이다. 사랑과 정에 굶주린 이가 '나'라는 사실을 훗날 어른이 되어 알아 너무 아프고 괴로웠다. 말 못하던 나의 존재가 무색하고 싫은 과거. 어린 날을 기억해 보니 소녀의 가슴이 늘 외로웠던 기억이다. 울분을 토해내며 며칠을 엉엉 울어댔다. 엄청난 수수께끼를 풀게 되었으나 용서가 쉽지 않았다. 이미 서승 떠난 후니 따질 수도…… 너무 미웠다.

혼자 천장을 올려다보며 이따금씩 가슴속의 그리움을 꺼내 눈물을 훔쳤다. 결점 없는 사람이 어디 있겠냐마는 자신도 모르게 성격이 동글동글해야 했다. 살면서 하고 싶은 말 몇 번을 곱씹으며 상대의 말을 두 귀로 많이 들으려 애써 봤으나 쉽지 않았다. 나의 감정은 오빠나 동생 언니들 틈에서 늘 할 말을 잃었다.

우리집 꽃밭에서 나는 응달진 곳에서 짓밟혀도 죽지 않고 나름 예쁜 새순을 내밀며 살았음을 증명했다. 오빠 꽃(장미)은 뽐내기 일쑤이며 꽃밭 가운데를 차지하고 언니 꽃도 늘 예쁘고 당당하게 동생 꽃은 하늘 높은 줄도 모르고 지만 봐달라고, 해바라기하고 나는 늘 물망초처럼 소박하게 있는 듯 없는 듯 한곳에 머물렀다. 엄마 꽃은 동네방네 울 넘고 담 넘어 자기가 최고인 양 고귀한 척 피우던 덩굴장미가 아닌가. 그중 아버지 꽃은 늘 푸르게 사철나무로 가장답게 당당하게 꽃밭을 지켰다.

소녀에게는 그늘진 그 꽃밭의 기억이 트라우마로 강하게 자리 잡고 있다. 환하고 많은 꽃들을 맘대로 보며 놀 수 있는 바깥세상 속으로 뚜벅뚜벅 당당하게 박차고 나왔다. 움츠림보다는 무작정 친구와 서울로 상경했던 그때가 떠올라 피식 웃음이 터진다. 외줄을 타는 곡예사처럼 혼신의 힘을 다해 세상을 버티었다 해도 과언이 아니다. 엄마의 자양분도 없이 '집 짓다 내버린 돌이 모퉁이의 머릿돌이 된' 오늘날 나의 존재. 숱한 날 밑바닥을 살았던 적개심(敵愾心)이 넉넉하고 따스함을 지닐 수 있음이다. 세상이란 바다 한가운데 허우적이며 항해를 하다 보니 때로는 한잔 술을 들이키기도 하며 마음의 노폐물을 문학이라는 창으로 배출을 하며 견디어 왔다. 발버둥쳐 봐도 소용없던 다사다난한 삶. 부질없음을 알기에 하느님께 납작 엎드렸다. 터무니없는 일은 아닐 터이고 부족한 자신이 한

없이 부끄럽고 아쉬움만 너울거린다.

기억의 조각들을 하나씩 떠올려 본다. 어린 날 세상 속을 휘저으며 실패와 좌절을 맛보며 온갖 일들을 겪었다.

사람에게 망각의 축복이 없었다면 아마 몇 번은 정신을 잃고 쓰러졌을지도 모른다. 아픔을 달래기 위해 글을 써야 했다. 외로움과 벗하며 길 위에 서서 어디로 가야 할지도 모르는 그 망막한 걸음을 옮기면서 매서운 세상 한가운데 침묵으로 달관하게 했다. 행복은 재가 되어 바람에 멀리 멀리 실어 보내고 말았다. 나의 위엄은 바닥으로 내려오고 무던히도 단련의 시간이 길었다. 외로움이 밀려오면 혼자 해안 길로 훌쩍 떠났다가 또 돌아온다. 출렁이는 자유 가운데 짭조름한 외로움이 난 죽어도 싫다. 도처에 늘 고통의 미로가 자욱한 안개 속을 헤매게 하는 것인지 소름이 돋는다.

모두가 내 곁을 다 떠나가고 세상 한가운데 홀로 침묵하고 있다. 단맛 쓴맛 다 맛보고 보니 삶의 질을 고민하는 심오한 고뇌의 흔적만이 역력하다. 문학은 나에게 축복 그 자체이며 영광이다. 기억창고에 무수한 보물이 가득해도 문학이라는 탈출구가 없었다면 숨이 막혀 죽었을 지도 모른다. 세상을 향한 소통의 숨구멍이자 나의 구세주나 다름없다. 문학은 내 인생의 동반자요 빛 찬란한 그 자체로 이 세상 다할 때까지 글을 써야하리. (2013『수필문학』)

트라우마

지치고 힘들 때 내 몸 하나 누울 수 있는 집이 있다는 것이 참 행복임을 이제야 알았다. 요즘 세상을 바라보는 나의 안목이 많이 바뀌었다.

핼쑥한 민낯으로 또는 분단장을 곱게 하였던, 나의 세상을 그 어디에서도 더 이상 반기거나 지켜 주지 않는다는 사실에 눈뜨고 방황했다. 그 시절이 십여 년이 흘러왔다.

정수리에 열기가 펄펄 끓는 일이 부지기수, 머릿속의 장작개비를 뽑으며 내 성찰의 시간을 찾아 얼마나 헤맸던가.

삶의 의미 따위는 내게는 아무것도 아니었다. 현실과 지나간 기억이 함께 공존하면서 번뇌덩이를 벗고자 무진 애를 썼다. 현 상황에 부딪치며 어려움을 타개하고자 몸부림치는 일이 결코 쉬운 일이 아니었다.

사는 일이 점점 허망하다고 왜 느껴지는지? 무심코 내 뱉은 말에 상처를 받고 가슴속은 한소끔 끓어오르는 솥단지처럼 달궈진다. 떨리는 마음을 누르고 조심스럽게 글을 쓰면 그 일들은 내 안의 청량제 역할을 한다. 하물며 말 못하는 고래도 칭찬을 받으면 춤을 춘다 했거늘 생각을 곱씹으며 나를 바라보기만 한다는 것이 얼마나 다행인가.

침몰한 세월호의 끝없는 뒷이야기에 사회적인 모순과 혼동의 연속이다. 우리 사회의 일그러진 블랙홀 같은 참상이 침몰한 배의 양상과 무엇이 다르겠는가. 부정부패로 물들어진 욕망의 바다호가 언젠가는 침몰해질 것임을 예견된 무의식으로 편향된 결과의 흔적을 보는 듯 당연한 일이다. 저 지경도 우리 모두의 잘못이다. 어른들의 잘못으로 많은 어린양들이 하느님께 재물로 상납된 것 같은 세월호.

소중한 생명을 아무렇지 않게 짓밟고서 나만 잘 살면 된다는 의식이 사회 깊숙이 뿌리박혀 있다. 나랏일을 하는 지체 높은 국회의원 배지를 달고도 아무렇지 않게 말을 여과없이 내뱉어 더 많은 논란이 일고 있는 일이 비일비재(非一非再)하다. 모든 화의 근원은 혀로부터 시작된다. 방송을 듣고 있자니 자식을 키우는 어미로서 참담한 심정이다.

그렇다. 무심코 뱉은 말에 90도로 허리 숙여 사죄하는 그들……. 말을 할 때에는 적어도 개인의 성찰을 해야 됨에도 아무렇지 않게 내뱉는다. 이는 사회의 일그러진 자화상이 아니고 무언가?

말을 할 때에 본인의 생각도 존중해야 되지만 듣는 이들의 감정도 사려 깊게 생각해 볼 일이다. 지시(명령) 또는 사회나 가정이나 똑같은 상황들 꾸중, 남의 흉허물을 볼 때 상대를 존중할 줄 아는 예의를 갖추어 할 필요한 덕목이다.

누구나 내면 깊은 곳으로 들어가면 언어로 인한 상처가 많이 내재되어 있다. 사회나 직장, 가정 그리고 가족과 가까운 지인들로부터 무방비하게 던져지는 칼과 같은 무기나 다름없는 말. 말도 많고 탈도 많은 말, 말은 곧 무기이며 마음의 문이다……. 한마디 언어를 받는데도 담금질을 무수히 해야 할 일. 세 치의 혓바닥이 여섯 자의 몸을 살리기도 죽이기도 한다고 한 법정스님의 글이 떠오른다.

가만히 있다가도 무심코 던지는 언어에 뒤통수 한 대 맞은 듯 들끓는 분노는 분명 아픈 상처이다.

이웃과 지인 가족들에게 독이 되는 언어는 삼가는 것이 좋은 일임을 왜 모를까만. 경험에 의하면 하찮게 던져지는 언어가 화살보다 더 예리하게 박혀 가슴이 아프다 못해 신음할 때가 종종 있다. 그들은 나보다도 재화가 많고 형편이 좀 나은 이, 또 좀 더 미모가 탁월할 이들이 분명하다. 사회의 구조상 타인보다 신분이 좀 더 우월하면 약자를 쉽게 짓밟고 책임지지 못할 치부를 드러내고 마는 경우들을 종종 경험한다. 상대의 처지가 되어 보기 전에는 알 수 있는 일이 아니다.

내 안에 어떠한 억압과 우울이 차지했었는지 본인만이 알고 있다. 기억의 조각으로 헤어나지 못한 만큼 생명선이 위태로울 만큼 고통스러울 때도 있다.

무슨 여지가 있겠는가? 온갖 치욕, 언어, 짓밟힘, 무시, 많은 언어 행로를 덮고 가는 것이 아니라, 내 의식과 무의식 가운데 세상이 돈에 대해 편향되게 위쪽으로만 공덕이 쌓여 감을 안다. 그 가운데 돈이 나를 지탱하고 지켜 줄 거라는 사회적인 무의식의 병폐가 무섭고 두렵다. 궁색한 변명 같지만 극복해야 할 나의 과제이다.

우리가 살면서 가진 자나 빈자 할 것 없이 누구나 행복해질 권리가 있다. 그러니 본인의 잣대로 함부로 폄하된 언어로 상대를 함부로 판단하고 무시해서는 안될 일. 내 생각이 중요하듯 상대의 의사도 존중해 주는 것이 건강한 가정, 밝은 사회일 것이다.

4부

기억의 조각

10월의 어느 날

삶을 가꾸며 사람답게 살고자 애를 썼으나 나이가 들어가면서 달콤한 가을을 음미한 일이 언제인지 까마득하다. 가을 풍경을 만끽해 보기도 전에 바람에 옷깃을 여미는 걸 보니 서둘러 안녕을 고해야겠다.

갈대밭이 보이는 언덕 아래 포구가 맞닿는 비탈길로 내려갔다. 잘 익은 노란 유자 몇 알을 횡재한 듯 가방에 슬쩍 따 담았다. 민망스레 유자가 생긋 웃는다. 해풍을 맞아서인지 유자향이 더 진하다. 향이 좋아 몇 개 더 욕심을 냈다.

누비로 된 내 손 가방이 어느새 볼록해졌다. 그 옆 탱자나무 가시에 매달린 늙은 호박 녀석이 씩 웃고 있다. 둥글둥글 좋은 관상으로 웃는 민낯이 후덕한 시골 아낙처럼 정겹다. 기분 좋은 가을, 맑은 햇살 아래 늙수그레한 호박은 한바탕 기분 좋게 호탕한 웃음을 안겨 준다. 나는 혼자 빙그레 웃었다.

하늘빛이 파랗게 눈부시게 맑다. 길섶 나뭇가지는 잎잎이 곱게 물들었다. 하루해가 점점 짧아지고 쌀쌀한 기운이 감도는 오후.

갈대가 손짓하는 화포 바다의 멋진 풍경이 한눈에 펼쳐진 그 길. 바람 소리를 듣고 황급히 뛰어 나갔다. 무더운 한여름과 가을을 지내고 떠나려는 알싸한 바람결이 싸늘하게 스친다.

어느새 내 눈과 마음이 즐거워 옛일들이 스쳐 애틋한 서정에 잠겼다. 그곳 바닷길은 지나온 삶의 기억을 품은 그리운 언저리, 잠시 울컥했다. 멀리 작은 쪽배 위에 그물을 손질하는 어부들의 그림이 저녁노을에 수채화처럼 한가롭다.

황금 빛 향기가 물씬 풍겨 풍요를 누렸던 들판도 어느새 황량하다. 차로 약 10여 분 달리다 보면 한 폭의 수채화 같은 화포 바닷길이 아름답다. 이내 외진 산모퉁이를 돌아서면 조형이 아름다운 한 건물이 환히 눈에 들어온다. 갈대 와인과 차를 마실 수 있는 그곳에 흰 삽살개 한 마리가 우릴 기다렸다는 듯 꼬리를 흔들며 온 몸으로 반겼다.

바닷가 모퉁이 찻집 뜰 안 가득 보랏빛 쑥부쟁이 무리지어 피었다. 스치는 햇살과 비바람을 맞으며 보랏빛 별처럼 팔랑인다. 하늘

하늘 춤을 추듯 바람에 흔들리는 모습이 길고 가늘어 참 예쁜 모습이다. 바닷바람을 맞고 무더운 여름을 잘 견디어 쓸쓸한 모퉁이의 풍경으로 지친 심신을 안정시킨다. 오래 기억해야겠다.

넓은 바다가 한눈에 보이는 고요한 찻집. 산과 바다, 쪽배, 검고 너른 갯바닥에 구멍이 숭숭 정겹다. 갯벌에는 짱뚱어, 갯게, 방게, 꼬막, 낙지 등 다양한 저서 동물들이 널브러져 서식하고 있는 곳이다. 검은 갯벌이 어우러져 한걸음에 달려가 발길을 멈춰서자 반가운 웃음을 준다. 자연과 더불어 묵묵히 혼자 사색을 즐기며 불현듯 떠나버린 남편에 대한 그리움을 이제 접고자 한다. 그리움은 하늘로 올려 보내기로 한다. 켜켜이 쌓인 그리움도 바람에 날려 보내기로…….

파란 하늘에 새털구름과 개펄이 조화로운 넓은 창가에 앉아 소곤소곤, 따뜻한 찻잔에 너와 나의 마음을 건넸다. 찻잔에 김이 모락모락 피어올라 차 향은 허공을 가로지른다. 가을 냄새를 몰고 온 차 향은 내 오감을 깨웠다. 햇볕이 내리쬐는 오후의 한 때, 동행한 일행의 얼굴이 가을 햇살에 더 곱다. 분주한 일상을 잠시 벗어난 행복함이 채색되지 않고 오래 기억될 것이다. 도란도란 눈빛을 나누며 어느새 혀끝에 달작지근한 차의 오묘한 맛, 표현할 길이 없다.

가슴에 켜켜이 묻어둔 번뇌를 허공에 매달아 해풍에 꾸덕꾸덕 말려가야겠다. 가슴팍 시린 그와 나의 동질성을 다독이며 서로에게 위로를 건넸다.

둘은 한가로운 순천만 개펄을 바라보며 짧지만 달콤한 시간 덕분에 멋진 나들이가 되었다. 가을 향기를 닮은 차를 마시자 등줄기에 식은땀이 흘러내렸다.

석양이 서둘러 외진 곳부터 물들이고 있다. 애달픈 내 마음마저 빨갛게 물들여 놓고 서둘러 떠나려 하니 몸이 옴짝달싹 않는다.

10월의 어느 날, 어둠이 짙은 가을밤에 한양에서 내려온 서정춘 시인님의 일행들과 함께 문학교류의 자리를 하게 되어 더 뜻깊은 자리. 정서가 같은 문우들과 따끈한 차로 문학교류를 하며 평상심을 찾았다. 가을이 깊어가는 그날 밤 아쉬운 작별의 시간이 다가왔다. 이 가을 추억 하나 또 쌓았다. 즐거울 수 있는 순간과 만남이 채색되지 않도록 머릿속에 담는다.

긴장의 끈을 늦추지 않고 열심히 살며 우울한 시기를 통과했으나 재능이 많이 퇴보된 시점. 다시금 글쓰기에 더 매진해야겠다며 겸손하게 마음을 다졌다. 팽팽하게 긴장의 끈을 늦추지 않고 살지만, 요만큼의 혜택도 무한히 감사할 따름이다. 감각이 무디어 잊힌 10월의 어느 날, 지난날들의 아름다웠던 추억들 영원히 끝나지 않을 독백을 읊조려 봤다. 그렇게 가을밤은 깊어갔다. 늦은 밤하늘 서녘에 어느새 달이 둥시렇다. 저 달은 내가 잠든 틈에 우리 집 창가에서 소곤소곤 놀고 있겠지. (2015.10 『시산』)

길거리의 만찬

먹고 산다는 것이 세상에 만만한 것 어디 있으랴. 이렇게 살든 저렇게 살든 간에 여느 가정이나 할 것 없이 살아가는 방법이 조금 다를 뿐이다. 수입원 방식이 다 다르고 사람마다 개개인의 사고가 다르듯, 또 우리들 생김새가 다른 거와 별반 다를 것이 없는 사람 사는 이치이니라.

한 어미의 배 속에서 태어난 한 형제자매들 간의 사고와 모습도 다 다르듯, 제각기 사는 방법이 다르다. 집에 오는 길에 주전부리가 하고 싶어져 포장마차에서 와플 빵을 굽는 지인에게 들렀다. 오다가다 주전부리를 하며 만난 인연이다. 와플 빵 구워 파는 언니와 나는 사람과 사람의 관계에서 따뜻한 온기가 느껴지며, 시선과 애정을 주고받을 만큼 돈독해진 인연을 만났다. 지인과 나, 친구는 서로서로 신뢰를 쌓아가고 있는 중이다. 서로 관심을 갖고 안 보면 보고 싶은 따뜻하고 참 좋은 분. 언니의 이마는 땀으로 축축해도 피곤한 기색 없이 언제나 하얗게 웃어주는 모습이 아름답다. 그건 바로 내가 부러워하고 배워야 할 덕목이다. 여느 때와 같이 빵을 사서 다디단 사과잼을 발라 절친한 A친구와 함께 나눠 먹었다. 옆 가게에서는 오동통 황금잉어 구워내는 그 연기가 내 얼굴을 보듬는다. 길가 트럭에서 숯불로 닭꼬치를 노릇노릇하게 굽는 맛있는 향을 피워내자 마구 군침이 돈다. 애어른 할 것 없이 허기가 지면 군침이 돌고 발길이 떨어지지 않는다.

가끔 길가 포장마차에 들러 순대나 어묵, 떡볶이 등을 잘 사 들고 온다. 소화 기능이 약하여 먹는 양은 그리 많지 않으나 즐긴다. 어쩌다 그러고 싶고 또 별미로도 맛이 색다르다. 누군가가 길에 서서 어묵을 사 먹는 모습을 볼 때면 시선이 정숙하다거나 곱지 않아 보이나, 그러나 내 모습은 흉하지 않으리라 착각을 하며 나를 합리화한다. 허기진 배를 손쉽게 채울 수 있어서이기도 하고 또 다른 맛을 먹음으로 기분이 썩 좋다. 먹는 음식을 두고서 교양 운운해서 될 일은 아니나 금강산도 식후경이라고 했거늘.

날이 몹시 추운 날 가끔 포장마차로 눈길이 갈 때도 있다. 길거리에서 손쉽게 먹을 수 있는 서민들의 주전부리로 딱 맞다.

아들과 길을 가다 말고 고소한 호떡 냄새가 풍기면 군침을 삼키며 망설이기도 하고 때로는 불쑥 들어가 사먹기도 한다. 아이들이 어릴 때 군것질 말라며 나무랐던 때가 기억난다. 어른인 나도 가끔은 주전부리가 생각나듯 그럴 땐 발길을 멈추고 들어가거나 차를 세워두고 사들고 와 집에서 먹는다. 허나 남정네들처럼 길을 가다 소주잔 기울일 일은 만들고 싶지 않다. 까마득한 신혼 초 철없던 시절에 둘은 가끔 그런 일을 일삼았다. 이젠 그런 소박한 가게를 보기조차 드물다. 포장마차 안에는 잔치국수며 꼼장어 등등 저렴한 술안주로 구미 당기는 맛이 가득 찼었다. 내 나이도 지천명이 내일모레인데 이쯤이면 어른의 행색을 해도 될법한데 여전히 이런 일들을 일삼고 싶고 또 흥미롭다. 종종은 아니어도 가끔은 그러고 싶어진다. 남의 시선쯤은 무시하며 그렇게 살 수는 없는지. 아이들처럼 달콤한 아이스크림도 입에 물고 다니며 구애 없이 살고 싶은 욕망이 들끓는다. 나이 들었다고 해서 어른인 것보다 올바른 행실이 더 어려워 씁쓸하고 아쉽다.

며칠 전 각별한 A친구와 함께 산책하다가 와플 굽는데 갔다. 색다른 맛이기도 하고 배가 출출한 터라 두 개를 먹어치웠다. 집에서는 끼니때가 되면 당연히 밥을 먹는데, 왜 거리에서 파는 주전부리가 가끔씩 먹고 싶을까?

햇살 좋은 한낮에 팥 앙금이 듬뿍 든 배 볼록한 붕어빵을 이천 원어치 샀다. 운전을 하며 꼬리부터 먹으면 더 맛있는 붕어빵. 바싹거리는 고소한 맛은 때늦은 점심 요기로도 부족함이 없어 가벼이 먹을 수 있다. 붕어빵 천원어치로 포만감에 저녁식사 때까지 참을 수가 있었다. 붕어 빵 한 개 칼로리가 얼마인지, 필요한 필수 영양소를 따지자면 먹을 수가 없겠지. 그러나 사람이 밥만 먹고 산다면 무슨 재미로 살 수 있으리. 때로는 국수 때로는 피자 때로는 팥죽 호박죽 카레 비빔밥 자장면 냉면 추어탕 삼계탕 온갖 것이 먹는 재미를 준다. 사람 사는데 먹는 즐거움을 빼면 의미 없을 것 같다.

내가 아이 적 국화빵틀을 가진 뒷집 사는 친구가 살았다. 그때는 주전부리할 것도 귀했으며 국화빵 구워먹기도 어려웠다. 밀가루 한 접시씩 이집 저집에서 거둬 숯불 풍로 위에다가 빵틀을 달궈 기름칠하고 만들어 먹은 추억이 새삼 향기롭다. 팥소는 없고 밀가루 반죽에 사카린으로 달착지근하게 구워 먹고 배가 부르면 스르르 잠이 들었던 기억이 새록새록하다. 달콤한 팥 앙금은 구경도 못하고 밀가루로 반죽한 그것도 서로 먹겠다며 다투던 아름다운 추억. 그래서인지 아무리 맛있어도 맛있던 그 맛을 느끼기는 어렵나 보다. 먹을거리가 풍요로워서인지. 옛 맛을 추억하기 위해 가끔 먹고 싶은지 모를 일이다. 참새가 방앗간을 그냥 지나치지 못하고 호떡집에 들러 바싹하게 잘 구워진 호떡 두 개 집어먹으면 뱃속이 느끼해진다. 그래도 거리에서 먹으면 더 맛이 있다. 철없는 아이들처럼 맛이 짱이다.

손수 집에서 해먹으려면 번거롭기도 하지만 많이 먹는 걸 좀 피하고 싶기도 하다. 핑계라기보다는 남이 해주는 것이 더 맛이 좋다. 두세 개면 해결될 일을 번거롭게 주방에서 일을 벌이고 싶지 않은 핑계다. 또 요즘에는 천 원짜리 김밥으로 집에서 김밥 만들 일도 거의 없다. 김밥 다섯 개면 온 식구들이 다 먹고도 남는다. 직접 시장가서 재료를 장만하면 1만원 가지고도 안 될 일이나 정성은 뒷전이고 시간과 돈 절약이 되므로 참 살기 좋은 세상이다. 떡볶이도 2천원어치 사들고 오면 둘째아이와 내가 배불리 먹고도 남는다. 거기다가 어묵까지 조금 더 사면 한 끼 식사로 일석이조다. 거리에서 파는 음식이라고 무시할 수는 없다. 위생적이지 않다고 말하지만 허구한 날 사다 먹는 일이 아니므로 그 정도 먼지쯤의 면역성은 누구나 다 있을 것이다. 뱃속에서 다 알아서 처리되고 보면 엄마는 점점 게을러지기 십상이다. (2006)

공간의 울림, 꽃

참 많은 일들이 있었던 한 해가 금세 지나간다. 문득 문득 마음을 무겁게 하는 사건 사건들, 그런 먹먹한 마음에 한아름 국화를 건네고 싶다. 어느 것 하나 뜻하는 바를 이뤄내지 못한 계획들 가운데 꽃은 내 눈을 호강하게 한다. 가을 지나 겨울의 문턱에 코끝 싸한 바람이 나를 훑고 지난다. 낙엽 우수수한 로맨틱한 산책로에 서서 덜덜 떨고 있다. 노란 낙엽비가 우수수 떨어진다.

차디찬 겨울에 메마른 나뭇가지의 외로운 풍경에 벌써 봄을 그리워하다니. 겨울의 풍경은 꽃을 접하는 것이 힘들지만 실내로 들어서면 심심치 않게 꽃들을 본다.

길 가다가 카페 안의 유리병에 꽂힌 말린 꽃, 집안의 거실과 한 모퉁이에 꽃과 식물들이 한자리에 예쁜 공간이 매우 의미 있어 보인다.

늘 고락을 함께했던 사람이 그리워지기도 하는 그곳. 유리병에 꽂아둔 꽃은 겨울을 망각하게 한 것처럼 공간의 여백이 기억에 선명하다. 사람 냄새, 책 냄새, 커피향 따스함 등이 그렇다. 향기. 아늑함 온기 등의 울림이 전해지는 다시 찾고 싶은 공간을 나는 참 좋아한다.

넓은 창 안으로 햇빛이 깊숙이 들어오는 초겨울의 오후, 꽃과 함께 마주 한다면 그 행복함이 어떨지 짐작이 간다.

가로수의 노란 바람결에 오후의 따스한 빛과 더욱 깊어진 색으로 물들인 꽃이 주는 울림은 상상만으로도 기분 좋다. 꽃이 사람의 감성을 어루만지며 꽃은 여백의 미와 공간을 기억하게 하는 묘한 마력이 있다. 자연 그대로 사람의 마음을 움직이는 강한 힘이 있다. 텅 빈 공간에 꽃이라는 사물로 느끼는 여백의 미를 어느 누가 싫어하겠는가. 화려한 색에서 꽃이 사람을 웃게 하는 오묘함, 공간의 미를 바라볼 수 있는 여유가 있다면 더할 나위 없이 좋은 볼거리임에 분명하다. 무심한 공간에 한 무더기 꽂아두는 안주인의 공간적인 센스가 매우 돋보일 것이다. 또한 가족을 잃은 슬픈 마음에도 위안이 되어줄 것임이 분명하다.

왠지 마음이 풍성하다. 사랑하는 아들딸이 떠난 빈 마음에 꽃으로 향을 내고 웃음을 찾을 수 있기를 빈다. 마음 안쉎 텅 빈 공간의 한자리에 꽃은 최고의 선택이다. 꽃을 보는 즐거움은 보는 자체로도 힐링이 되는 남다른 체험의 느낌이 있다. 꽃은 그 자체로 우울함을 날려보내고 기분을 좋게 한다. 아픈 영혼을 위로해 준다. 사랑스러움, 영혼의 위로, 공유 등 예쁜 감정이 꽃 속에 있는 이유 때문일 것이다. 사람을 기분 좋게 행복하게 하는 꽃이 있는데 어떻게 공간의 울림이 살아나지 않겠는가. 그냥 꽃 그 자체이다.

꽃의 자태로 밋밋한 공간을 생동감 있게 변화시켜주는 대담한 이 겨울에 꿈꿔 본다. 꽃향기가 가족 잃은 슬픔을 잊게 하고 오래도록 머무는 아름다움까지 간직할 수 있게 되기를…….

우울하고 답답한 상처난 마음 안에 한아름 국화 꽃향기로도 행복해지고 마음을 치유 하는 꽃, 한 송이 장미꽃처럼 환생하는 모습이길 간절히 기도해야겠다. (2014. 11)

기억의 조각

기억을 더듬어 지금은 그의 고향이자 마을에 미당 서정주 시문학관이 세워졌음을 풍문으로 들어 알고 있었다. 문인으로서 자긍심이 생기며 자랑스러운 일이다.

생가가 두동이나 복원되어 그분의 문학 업적을 후손들에게 널리 알리고 더욱 뜻깊은 의미로 길이 남을 것이다. 작고하신 후에 많은 빛을 발하신 그 분을 많은 이들이 가슴에 기억하게 될 것이다. 오래 된 기억들을 더듬어 본 기분 좋은 날이다.

동아리 회원들과 문학기행을 떠나던 날 소나기가 몇 시간 쏟아졌다.

첫 코스는 미당 서정주의 생가다. 전북 고창에 서정주 생가가 있다는 정보만 듣고 출발했다. 초행길이지만 쉽게 찾을 수 있을 줄 알았다. 하지만 행인들을 붙잡고 길을 묻자 "미당 서정주가 누구다요?" 그렇게 되묻는다. 의외로 물어서 찾아가는 그 길은 참으로 멀게 느껴졌다. 문학의 거목인데 생가 주변 사람들조차도 몰라 난감했다.

가는 길목에 우리나라 2대 부대통령을 지낸 인촌 김성수와 그의 아우 김연수의 생가 안내 표지는 여러 곳곳에 있었다. 일행은 우선 정치가의 생가를 둘러보았다. 어마어마한 한옥 안채, 사랑채, 별당 기타 마님들이 거처했던 방까지 잘 보존된 채 관리인 이외는 아무도 기거하지 않았다. 100년이 넘었으나 지금도 잘 다듬어진 정원과 보존된 집이 아름다웠다. 누구나 살고 싶은 전형적인 그런 손색없는 한옥.

내노라 하는 하동 악양의 최 참판 댁, 풍수학적으로 가장 명당이라고 소문난 살기 좋기로 유명한 구례 운조루의 양반댁, 그리고 정치인의 생가를 기행했다. 퇴색되지 않고 자연 그대로 보존되어 있는 곳이 많은 남도, 그 멋과 맛 가락이 함께 어우러져 참으로 흐뭇하다. 문화유산이 곳곳에 산재되어 있으나 관리는 많이 미흡하고 주민들의 관심도가 높지 않은 현실이 긴 여운으로 남는다.

미당의 생가를 어렵게 찾았다, 마을에 들어서자 소요산이 동네를

병풍처럼 감싸고 있다. 그러나 동네 사람들도 미당 서정주 시인을 잘 모르고 있었다. 문학의 거목인 미당의 생가는 사람들의 손길이 닿지 않은지 이미 오래였다. 마당과 텃밭에는 풀이 무성하고 오두막은 폐가로 방치되어 있었다. 사람이 기거하지 않아 문짝도 없고 방안을 들여다보니 쥐들의 배설물로 얼룩덜룩 누추했다. 낡은 벽지는 바람에 너덜거리며 으스스하여 초라하기 짝이 없었다.

예로부터 선비는 가난하고 평생을 글만 쓰는 분이 대부분이었다. 더러는 무식하지도 않으면서 교만하지도 않고, 겸손하면서 착한 문인들의 심성을 높이 인정받아야 마땅하지만 현실과는 사뭇 다르다. 책을 가까이 하니까 지혜가 가득하고 마음을 비우고 늘 사색하며 산다면 좋을 터. 글 쓰는 사람치고 욕심 많은 사람이 드물다고 했으나 현실은 그렇지 않다.

문인들은 인간다운 향기를 내며 문학의 꽃을 불태우며 살았다. 반면 정치가인 인촌의 생가는 객관적인 기준에서 문인들이 갈망하는 가치와는 다르다. 이러한 것이 부익부(富益富) 빈익빈(貧益貧)인가 한다.

일행은 뜰에 있는 감나무 그늘에 앉아서 시를 낭송했다. 그의 시 중에서 가수 송창식이 노래하여 익숙한 「푸르른 날과 질마재 신화」 「국화 옆에서」 「상가수의 소리」 등 한 편씩 낭송하며 잊고 살았지만 놓쳐서는 안 될 것들을 각인시켰다.

시에 대한 깊은 이해보다는 작품으로 보이지 않는 것들의 힘이 느껴졌다. 태초부터 글을 쓰는 문인은 가난과 함께 살아야 할 운명인지, 문학의 거목인 미당 서정주 시인의 생가가 원형 그대로 잘 보존될 수 있기를 희망해 본다.

질마재 신화 땅 이름은 '질마담살'에서 유래 된 말로 짐을 실은 말이나 소들이 넘어 다니던 산을 말한다. 한다. 소뿐 아니라 짐 져서 먹고사는 사람도 질마라고 하며, 질마재는 예로부터 가난한 사람들이 사는 곳이라 전해온다. 질마재는 단순한 고개가 아님을 시에서도 발견할 수가 있다. 그 모든 언저리 자체가 신화이며 그것을 잊고 사는 우리에게 교훈이며 황토빛 짙은 고향이며 삶이라고 말할 수 있다.

서정주 시인의 생가 오막살이는 주인 없고 인적 드물어 마당 한쪽은 토담이 허물어지고 있었다. 마구간의 담쟁이 넝쿨은 오랜 세월의 풍상을 엿볼 수 있었다. 언제인가 문학단체에서 다녀간 흔적으로 펼쳐진 막이 비바람에 찢겨져 펄럭였다. 집 앞의 텃밭에도 사람의 손길은 보이지 않고 잡초들만 무성했다. 흑염소가 한가히 풀을 뜯고 있던 풍경이 아슴하다.

동인들은 동네 어귀의 간판 없는 구멍가게 평상에 둘러앉아서 그고장 막걸리를 한 사발씩 마시며 쓰린 마음을 달래고 소요산에 대한 궁금증을 나누었다. 서정주 시인의 생가 답사는 문학의 산실을 공부할 수 있는 기회가 부여되어 만감이 교차했다.

여러 해가 지난 요즈음은 생계형 사업으로 눈코 뜰 새 없어서 가 보지 못했지만 늘 그때의 서글픈 잔영이 마음에서 떠나지 않는다. 이제는 그 고을 기관에서 관리를 잘 하고 있다니 참으로 다행이다.

도화꽃 핀 사월

만발한 복사꽃 그늘 아래서 넋을 잃고 꽃구경을 했다.

흔한 과실나무에 불과하지만 너무 아름다워 내게 슬프게 다가온 꽃이다. 아릿함이 스쳐 지나간다. 젊은 날 한복 입은 친정어머니의 다소곳하고 화사한 모습과 흡사하여 더욱 오묘하다. 남모르게 잔인하던 내 어머니이셨기에 나는 가슴이 무너지는 듯 아릿해 온다. 슬픔을 머금고 속내를 드러낸 아름답고 눈부신 그 도화꽃 자태를 애틋하게 들여다봤다. 자세히 들여다보면 도화꽃 빛이 곱기도 하지만 수줍음이 더 사랑스럽다.

봄 햇살이 저만치 달려가고 있어도 문밖에 발을 내딛기가 두렵다.

들판은 온갖 꽃들이 피어 만발한데 내 가슴에 꽃은 언제 피어나려는지?

약동하는 새봄. 어떤 소망을 담아 봄이 무사히 내 곁으로 와주기를 바란다.

파란 하늘빛이 곱다. 매화도 지고 벚꽃도 지고 배꽃도 다 졌다. 문득 수줍게 피운 복사꽃이 그리웠다. 복숭아의 연분홍 꽃빛은 친근하여 연정(戀情)을 품고 싶은 마음이 간절해졌다. 철없던 시절 수줍어하며 옴팡지게 한 사람을 좋아했던 것처럼 그런 느낌으로 온기가 전해진다.

아파트 뒤 산책로 양지 녘에도 봄을 뚫고 피운 어린 제비꽃이 애틋하고 앙증맞다. 또 터지기 직전의 파꽃 대궁이가 탱탱한 걸 보니 곧 꽃을 피울 모양이다. 하늘도 파랗다. 텃밭에 남겨진 파꽃들이 이미 하얗게 피었다. 길에 서서 파꽃숭어리를 관심 있게 보기는 처음 일이다. 자세히 관찰해 보면 파의 매운 특성이 폭죽의 형태를 지니고 있는 것이 특징이다. 밭 주인은 파를 과수원 자투리 땅에 씨앗으로 남겨둔 모양이다.

복숭아꽃이 활짝 피면 무르익은 봄의 절정이다. 길가에는 때 이른 조팝꽃도 만개했다. 지천으로 피워대는 꽃들로 몸과 마음이 분주하고 바쁘다. 산이 많은 월등산촌에 가면 어여쁜 도화가 만발했을 것 같은 예감에 교감지기(交感知己) 지우(知友)와 길을 나섰다. 도화는 화려하지는 않지만 볼 살이 통통하니 도홍색(桃紅色) 띤 예쁜 숙녀 같아 더욱 미치도록 사랑스럽고 곱다. 이 화창한 봄날에 복사꽃이 저토록 고운지 미처 몰랐다. 가끔 옛것을 더듬어 추억해 보면 철마다 즐거움이 꽃처럼 더 피어나는 것 같다. 시중에 화려한 꽃집의 꽃과는 비교가 안 되지만 복사꽃 나름대로의 자태가 곱다. 여성스럽고 사랑스런 봄꽃중의 대표적인 꽃이 아닌지. 늘 선부른 내 판단은 빗나가가 일쑤, 복숭아꽃 개화시기를 잘 맞춰 보기는 처음 다가온 행운이다.

봄이 되면 난 늘 긴 고뿔로 콜록대며 가슴앓이에 시달린다. 봄을 탄다고 말할까, 속병이라고 할까, 아무튼 해마다 겪는 혹독한 곤고(困苦)함을 마다 할 수가 없다. 몸속의 에너지가 예전처럼 쉽게 충전이 되지 않아서 인지. 기운이 쉽게 고갈이 되고 만다. 나이를 먹는 증거라고 해야 하는지 몸 안팎에서 혹독한 봄을 치르는 만큼 내 몸은 산고를 치른다. 무딘 내 가슴에 또 다른 차원에서 고난의 행군으로 돌진하며 찬란한 봄을 탄다.

봄이 저만치 달려가야 기진맥진해진 채로 혹사했던 내 몸과 맘을 햇살에 뻔뻔하게 내다 말릴 수 있다. 절망에 가까울 만큼 견디기 어려운 봄이 내겐 너무 싫다. 점점 작아지고 시듦에 자신조차도 가늠하기가 어려운 슬픈 비화 같다는 생각이 스치는 찰나를 맛본다. 그래서 파란 하늘과 연초록 산밭을 배경으로 피어난 그것들. 복사꽃 그늘 아래서 파란 하늘도 쳐다보며 잠을 청하고 싶었다. 꽃을 보며 우리의 삶을 툭툭 털고 꽃처럼 맑은 웃음으로 화창한 봄날 같기만 하면 좋겠다는 소망을 담아 본다. 정말 차창 밖에는 봄빛이 가득하다. 산 빛도 하루가 멀다 하고 다르다. 등 뒤에 와 닿는 푸른 기운을 느끼며 세상을 펼치고 싶은 욕망이 인다. 산언덕을 비스듬히 올라서면 내려다보이는 월등 산촌이 다 분홍빛으로 환하다. 화사한 복사꽃 밭에 꽃이 많이 피면 열매 맺기가 어려운지 농장 주인들은 꽃 솎아주기에 여념이 없다. 바야흐로 꽃들이 한창이다. 여기저기서 부지런히 일하는 순박한 촌부들의 살아가는 아름다운 모습들이다. 햇살과 풋풋한 봄바람을 맞으며 무르익은 봄을 산등성이에 앉아 내려다본다.

바람결에 코끝을 자극해오는 잔향 향기 시끌벅적한 벌들의 입질에 귀 기울이며 봄 향기에 이끌리어 기분이 최고다.

산촌의 밑그림은 하얀 나생이꽃이 지천이며 또 황토밭이다. 황토빛 바탕칠을 한 그 위에 온통 꽃대궐을 이룬 시골의 정취가 아름답다. 그 찬란함에 무슨 설명이 필요하리. 말문이 다 막혀 눈물을 흘리고 말았다. 연분홍 빛깔에 내가 하얗게 질리다니 이것이 자연이 주는 행복이라고 했던가. 봄이 찾아온 고요한 복숭아 마을에 봄볕이 스며든 것처럼 내 가슴에도 곧 봄볕이 스며들어 따뜻했으면 좋겠다. 이 고요함을 가슴에 안으려고 몸부림을 치며 필사적 갈등을 가슴앓이 했나 보다. 저 너머에 따스함이 기다리는 줄도 모르고 이제 그 제자리걸음을 멈춰야겠다. 내 감정을 그만 흘리고 가슴에 묻어두어야 할 것 같다. 그리고는 봄바람을 타고 신나게 비상하리라.

자연이 주는 행복감에 고운 노을을 등지고 복사꽃처럼 고운 봄을 가슴으로 다 스며들게 했더니 나도 몰래 춤을 춘다. 세상으로 나오고 보니 숨 죽여 운 내가 싫다. 아무것도 내세울 것 없는 나의 존재지만 도화(桃花) 그늘 밑에서 잠자고 싶은 순애보적인 사람인 걸. 꽃그늘 밑에 드러누워 파란 하늘을 보고 싶다. 길에서 만난 돌멩이 하나도 풀 한 포기도 자세히 들여다보면 모든 생명은 경이로움 그 자체.

(2007.『전남수필』)

봄 오는 소리

혹독한 겨울을 지낸 자만이 느낄 수 있는 이 따뜻한 봄. 기다렸던 봄이 성큼 다가왔음을 알려 준다. 움츠리고 있던 산과 들에도 파릇파릇하여 봄 오는 소리가 내 귓가에 나지막이 들려온다.

꽃샘추위가 물러가고 희뿌연 매화나무사이에서 봄이 핀다. 주말 오후, 바깥세상에 대한 동경과 갈망에 늘 허기진 그중 한 사람. 봄볕을 쬐며 달래와 쑥 한줌과 풋마늘 몇 가닥을 사왔다. 일교차가 심한 이른 봄, 몸이 나른해지면 나는 쑥국이 먹고 싶어진다. 시장에서 사온 쑥으로 도다리를 넣고 끓인 쑥국을 한 대접 먹고 나면 춘곤증으로 인한 나른한 몸은 곧 괜찮아질 것 같다. 쑥의 향이 입 안 가득 쑥향이 배이도록 배불리 먹어야겠다.

햇살 따습고 바람도 없는 오후, 오랜만에 허리를 쭉 펴고 고개를 들어 먼 하늘을 올려다보았다. 삶에 얽매여 아등바등 끙끙거리며 살아가는 내 모습, 모름지기 어미는 바쁜 삶을 살아가야 되는 운명인가. 짧은 외출로 설레던 날, 들녘에는 봄볕으로 가득했다. 봄꽃처럼 나도 내공을 더 쌓아야 될 터인데 하며 혼자 읊조렸다. 나이가 들면서 세상의 이치를 조금씩 깨닫고 앎이 터득해지는 듯하다. 혼자 묵묵히 상념에 젖는다.

바람결에 두엄 냄새가 와락 스민다. 양지바른 길섶에 노란 민들레가 내 눈길을 끌었다. 화창한 봄날 어린아이가 된 듯 감동은 파도처럼 출렁이며 마음은 들떠 행복하다.

능선을 넘어 비탈을 따라 간 산밭에는 아늑한 골짜기에 마냥 평온했다. 골짜기 들머리의 외딴 곳, 산기슭에 흙집으로 잘 지어진 와우당(臥牛堂)에서 일행은 둥그렇게 둘러앉아 바글바글 왁자지껄 웃음꽃으로 감동의 시간을 보냈다.

잠시의 외출에 소박한 소망하나 이룬 듯 감흥과 감동이 마구 솟구쳤다. 동인들과 모여 칼슘과 천연 미네랄이 다량 함유된 고로쇠 수액으로 갈증도 해소하고 차진 찰밥으로 허기진 배도 가득 채웠다. 겨우내 지친 몸도 고로쇠 수액으로 묵은 체증과 욕심까지 깨끗이 씻겨 낸 듯 흡족하다.

한적한 시골, 양지바른 산밭 봄빛 아래서 가슴 가득 큰 호흡을 했다. 연둣빛이 물들어가는 산기슭에 잇닿는 비탈을 따라 올라갔다. 돈독한 지인들과 함께 할 수 있는 행복이 내게도 찾아와 감동이 몇 배였다.

그날 내 볼에 살포시 내려앉은 투명한 3월의 햇살은 더없이 따뜻했다. 살다보면 한결 홀가분하게 여유를 맘껏 누릴 그런 날이 올 수도 있으려나 의문이다. 매화가 핀 가지마다에 부풀대로 부푼 꽃망울이 조랑조랑 매달려 봉긋이 예쁘다. 멀리서 망태기를 메고 씨앗을 뿌리며 농사를 준비하고 있는 한 촌로가 정겹다. 흙집 앞, 비바람에 쓰러진 허연 비닐하우스 안에는 지게, 쇠스랑 따위의 농기구며 자재들이 거꾸로 눕혀져 어지럽다. 정겨운 흙집, 주인님의 철학과 고뇌의 흔적이 곳곳에서 엿보인다. 욕심 낼 수 없는 욕망이며 동경에 대한 부러움으로 잠깐 상념에 잠겼다.

인적 드문 한적한 곳에 터를 닦아 쉼터를 지은 K시인의 고뇌와 내공이 엿보여 쉼의 터에서 깊이를 맛보게 되었다. 아련한 옛 추억을 더듬으며 앞산 뒷산 능선 저 너머까지 눈길을 돌리며 나의 허탈감을 달랬다.

누군가가 내 옆에 있어 주기만 해도 며칠을 머물고 싶음이 간절했으나 쓸쓸히 돌아서곤 했지. 아늑한 골짜기에 유쾌한 웃음꽃은 골짝 가득 피었다.

멀리서 들려오는 경운기 소리마저 정겹게 들려오던 날. 흙냄새를 맡으며 황톳길을 걷다보니 어린 날의 향수가 아지랑이와 함께 스멀스멀 되살아나 잠시 울컥했다. 즐거움을 뒤로 하고 그들과 마냥 뭉그적거릴 수가 없는 현실이 야속해 물음표를 던지며 먼저 일어섰다. 아쉬움을 뒤로 한 채 아련한 추억 속의 봄을 생각하며 밖을 나왔다.

투명한 햇살이 가득 쏟아지는 골짜기를 지나, 언덕을 넘어 산모롱이를 돌아서 꽃바람이 손짓하는 또 다른 곳으로 향했다. 상기된 얼굴로 바람 따라 나간 들녘, 벌써 해가 서쪽하늘 자락으로 설핏 기울고 있어 안타까웠다. 산바람과 함께 한껏 생기를 얻은 흡족한 날. 구름 한 점 없는 맑은 하늘을 빤히 쳐다보았다.

연초록 비탈길에 쏟아지는 봄볕, 곳곳을 찬찬히 천진하게 동심으로 걸었다. 작은 풀꽃들이 방실거리며 봄 활짝 반가운 웃음을 안겼다. 햇볕이 반짝반짝 내리쬐던 골짜기의 기류에 발길이 떨어지지가 않는다. 봄을 닮은 어린 쑥 냉이 민들레까지 한 움큼 캤다.

봄이 맘껏 펼친 풍경, 낯선 산골마을로 들어가 고요하고 평화로운 봄을 가슴에 담고 고향의 봄을 느낀 듯 기분이 이보다 행복할 순 없다. 영과 육의 지친 심신을 안정시켰다. (2008)

산 바라기

막 산자락을 끼고 들어서는데 맑고 은은한 대금소리가 산천을 울리고도 남는 것 같았다.

산동 문화예술촌의 개관 기념이라 했던가. 사방은 어둠 천지인데 온 세상이 산으로 둘러싸인 지리산 고을에 색소폰 소리가 녹음을 잠들게 한다. 짙푸른 산들이 겹겹이 둘러싸인 골 깊은 산동고을 탑골에서 한 여름 밤의 작은 음악회가 열렸다.

신라 때 절터가 있었고 그 일대에 탑들이 있었다고 하여 탑골 마을이라는 곳, 지금도 탑들이 곳곳에 있다고 하여 붙여진 고을 이름이라고 한다.

어둠이 내린 산마을에 사람의 손끝으로 빨랫줄에 매달아놓은 화려한 알전구의 조명이 예술이다. 양말 널어놓은 것처럼 바지랑대를 군데군데 세워 전구를 단 풍경은 사람만이 할 수 있는 예술작품이다. 그 전깃줄에 알전구 열두 개가 줄줄이 달려 야경을 밝히는 수고로움을 하는 밤이 더 아름답다. 도시에서 보지 못한 조명이 나를 사로잡았다. 짙은 어둠을 알전구가 조화롭게 물리치고 탑골 마을을 빛내는데 일조를 한 것이다.

관산(觀山)제 예절교육관 굵직한 저음의 색소폰 소리가 자연스레 뽑아지자 멀리멀리 메아리쳐 능선들을 타고 고을을 울렸다. 싸늘한 밤기운에 아름다운 선율의 색소폰 연주가 특별한 밤. 색소폰 연주가 끝이 아님을 예견한다. 때와 장소를 가리지 않고 감미로운 선율은 심신을 이완시켜 주고 기분을 상승시켰다. 근육도 진정시켜주는 힘을 갖고 있는 것은 아닌지.

뒤이어 통기타 가수의 신나는 연주와 노랫소리는 시인의 마을에 밤이 익어가는 소리로 더 감미롭다. 뿐이랴 신명을 던져 주는가 하면 또 부드러운 선율로 어둠을 뚫고 고요하게 그리운 얼굴이 하나둘 피어오르며 형언하기 어려운 환상적인 분위기를 선사하기도 했다.

끈적이고 무더운 여름날 낯선 사람들과의 부딪치는 느낌이 싫지 않았다. 나도 모르게 그들과 깔깔거리며 웃는 여유를 부렸다. 먹음직스런 온갖 음식들이 야외 평상 위에 줄줄이 올랐다. 시장기를 면해야겠기에 말할 틈도 없이 이것저것 맛있게 먹어댔다. 사람 사는 것이 때로는 혼자만의 시간이 필요하기도 하지만, 인생길에는 새로운 변수가 있기 마련이니 그 순간을 적절히 대응해 나가는 지혜도 필요한 것이다.

산 바라기라고 했던가. 기나긴 인생길에 늘 나약한 내 모습은 분위기 조금 바뀌진 그곳에서 자연스레 차분해짐을 느꼈다. 시야를 넓히고 동화 같은 아름다운 그 산막에 인위적인 것은 찾아보기가 어려웠다. 좀 더 나은 색과 향기로 가슴에 불어넣으며 또 다른 이미지 변신을 시도해 봐야겠다며 내 가슴을 후려친다. 특별한 기대는 하지 않고 갔으나 별빛 반짝이는 그 밤에 내게 풍성한 추억을 안겨 주었다. 색다른 경험의 장소에서 큰 바위에 앉아 관람하는 음악회가 재미있고 유익했다. 함께 간 지인들도 기쁨을 함께 나누며 그 매력에 붙잡혀 푹 빠져들고 말았다.

산골 동네 주민들은 농사철임에도 불구하고 낮에는 일하고 남은 밤 시간에 함께 여흥을 즐겼다. 도시민처럼 맑고 하얀 피부들은 아니지만 그들은 친근하게 다가왔다. 나도 거부감 없이 그들과 눈을 맞추었다. 맘 착하고 소박한 그들에게로부터 흙냄새와 풀 냄새가 풍겼다. 산자락 아랫마을 사람들은 작고 푸른 세상의 평화로운 풀꽃같이 곱다. 피곤한 몸 이끌고 일부러 시간 내 나온 주민들을 보자 더 친근해졌다. 오랜만에 색다른 장소의 여흥이 비록 무엇보다도 값지고 의미 있게 다가왔다. 가슴속이 다 환하게 웃게 되어 신

바람이 난, 나는 또 다른 활력을 얻었다.

나무가 울창한 산 중턱 낮에 본 지리산은 강열한 날씨만큼이나 건강하고 좋은 구례지역임에 확연했다. 가끔 드라이브코스로도 좋은 산동을 낮에 차를 타고 보는 외경도 얼마나 아름답고 건강한지 자랑스러운 지역이다. 둥그런 바위덩이에 앉아 보는 음악회일지라도 색다른 경험이 가져다 준 기쁨은 그 어떤 것보다 남달랐다. 하룻밤 묵으며 판판한 바윗돌에 앉아 까르르 웃으며 그 밤을 지새워도 좋을 듯한 느낌이 아쉬움으로 남는다.

일탈을 꿈꾸며

자꾸만 옛일을 뒤돌아보게 되는 시간들이 잦다. 아쉬워서 혹은 그리워서. 어느 쪽이건 뒤돌아보는 순간 자꾸 멈칫거린다. 누군가는 지나간 과거는 애써 잊으라 한다. 인간사 모퉁이가 없는 삶은 없을 것이다. 직선으로 바삐 달리던 어제의 순간순간들 가쁜 숨을 가다듬는다.

하던 일 잠시 멈추고 홀로 서울행 버스에 몸을 싣는다. 혼자 멍하니 굽이굽이 사연 깃든 삶, 눈을 감고 되뇐다. 힘겹고 외로운 순간들이 바람처럼 스친다.

늘 언제나 어쩌면 혼자라는 이유로 주눅 들기 일쑤일 때가 많다. 외로움도 어색함도 익숙해질 때도 되었건만 여전히 두려움이 앞선다. 나에게 주어진 과제 앞에 민숭민숭 맹물 같은 삶이 아니라 질풍노도의 시간들이 두렵고 무서웠다.

여행을 하며 낭만도 즐기면서 잡다함을 잊고자 때때로 서울행에 몸을 싣는다. 오롯이 나를 위한 시간을 가지리라 다짐하면서 깊은 심호흡을 하자 버스는 싱싱 달린다. 신선한 기쁨이다.

각박한 대도시에 가면 혼자라는 사실을 아무도 모르고 희석이 되어 자유롭다. 사부작사부작 걸어 서울 양재 꽃시장에 들러 가슴 가득 꽃을 담는다. 꽃에 둘러싸여 나무 한 그루 화초 하나하나 볼거리 즐길 거리를 놓치지 않고 쓸어 재미나게 담는다.

자연의 기운이 가득한 꽃시장에 가면 꽃향기에 둘러싸여 특유의 생동감으로 사랑스러움이 묻어난다. 그곳에 가면 언제나 인산인해를 이룬다. 심심할 틈조차 없는 화훼업주들. 플로리스트로서 천국이요 볼거리가 넘친다. 파김치가 된 몸으로 피곤함도 잊은 채 눈이 호강한다.

시끌벅적한 가운데 사람들의 생글생글한 웃음이 꽃처럼 예쁘다. 나도 봄 처녀처럼 콩닥콩닥 가슴이 뛴다. 꽃이 좋아 꽃 일을 시작한지 어언 30년, 꿈꿔온 일을 성취하지는 못했으나 이 또한 주어진 달란트이라 생각하고 감사하게 받아들인다. 낡고 허름한 기억들이 가슴 한가득 파노라마처럼 애쓴 흔적이 아쉬움으로 남는다. 꽃이 좋아서 꽃꽂이를 한 계기가 된 어제의 일들, 켜켜이 쌓인 삶의 한 모퉁이가 서늘하다. 예기치 못한 험난한 폭풍우는 이제 그만 밀려왔으면 하는 간절한 나의 기도가 하늘에 닿기를 빈다. 내 인생에 또 다른 돌풍이 불어 닥쳐 넘어지지 않고 싶다. 어쩌나, 뒤집히는 일이 없기를 마음 졸인 일은 기우(紀憂)하지 않아야겠다. 그래서 이 고단함이 조금이라도 덜어져 지난 일들은 아름다운 추억으로 기억될 수 있기를 갈망한다.

살고 있는 작은 아파트 높은 곳, 지붕위에 또 집, 옆집, 앞집, 이 땅 위에 수많은 집 가운데 내가 머물 집 한 군데 없어 헤맬 때 참 아이러니 했다. 각박한 세상 속에서 혼자 몸부림쳤다.

어느 시점인가 꽤 높은 지점에 다다랐다고 나름 인정했던 때가 있었다. 그러나 어느 순간 난 많은 사람들 발아래 밟히고 조롱거리가 된 자신임을 알게 됐다. 자학으로 살아야 했었던 십여 년이 훌쩍 흘렀다. 누구나 다 각자 나름의 멍에는 있을 것이다. 마음 둘 곳 없어 홀로 가슴 치던 날들. 맘껏 소리 내어 제소리 한 번 못 내고 숨 죽여 아득히 먼 일망무제(一望無際)의 시간들을 보내야 했었지.

어느 날 오후 석양이 고운 와온 바닷가에 서서 수평선을 물들이는 경이로운 일몰을 바라봤다. 붉은 노을을 지켜보며 미망인의 외로운 가슴으로 흐르는 눈물 방울방울이 노을빛으로 붉게 물들었다. 홀어미가 되어 본 자, 아들을 그 길로 보낸 어미만이 알 수 있는 그 노고를 그분은 아시리라. 그 외로웠던 시간 위로 해가 지고 뜰 것이다.

불편한 진실도 이제는 말 할 수 있다. 삶이 지쳐 있을 때 눈물을 닦아준 은인들의 기도소리를 잊어서는 안 됨을 되새긴다.

숱한 얼굴들이 두둥실 떠올랐다 가라앉는다. 심호흡을 하며 바쁜 일정으로 피곤에 찌든 마음을 다스린다. 가을 햇살 아래 가만히 앉아 가을 향과 가을 맛을 느껴봄이 놀랍다. 하늘과 바다가 맞닿은 수평선의 고즈넉한 전경, 그 자체만으로도 힐링이 된다. 숨 막히는 일상으로부터 탈출을 꿈꾼다. 더할 나위 없이 순간의 행복감을 느낄 수 있는 것만으로도 족해야 하는 거겠지. (2018.『시산』)

5부

사색의 숲

팔공산 바람

자연을 흠뻑 머금은 투명한 햇살 아래 곡식들이 알알이 익어간다. 성큼 다가온 파란 가을 하늘이 참 예쁘다. 낮과 밤의 기온차가 크고 강한 햇빛이 쬐는 날이 많아 단풍이 붉게 물들 징조가 느껴진다. 곧 출하를 앞둔 능금밭에는 빨간빛이 곱고 먹음직스럽다. 햇살에 내 얼굴도 사과처럼 살짝 빨개지려 한다. 풋풋했던 시절 탱자나무 가시를 헤치고 능금 서리를 하던 추억을 떠올리면 쑥스럽다. 벌써 입 안에 사과 향이 감돌며 군침이 돈다. 고향 들녘은 황금으로 벼이삭의 배가 볼록하다. 태풍이 없어서 곡식들이 잘 영글었다.

나무가 내뿜는 피톤치드의 상쾌함을 즐기며 숲속에서 편안함을 느꼈다. 아름다운 경치를 내 마음 그릇에 가득히 채우고 숲의 푸른 기운을 깊게 마셨다. 산이 높고 골도 깊어 그 조붓한 산길로 걷다 보니 행복은 그렇게 가득히 스며들었다.

흥얼거리며 산길 따라 걷다 그루터기에 걸터앉아 가을볕에 나를 맡겼다. 그 숲에 깃들어 오색 단풍들과 오래 머물자며 살랑거리는 바람이 나를 마구 뒤흔든다.

풍광이 좋은 그 곳에서 가을은 나를 비웃듯이 내 옆구리를 간질이며 품안으로 비집고 들어왔다.

마음에 숨겨둔 고향 팔공산 자락, 들녘의 쏟아지는 가을볕에 서서 시를 써보기도 하고 초연한 자세로 흐트러진 나를 다독였다. 가을은 나에게 글을 쓰라며 내 등을 마구 떠민다. 친구들과 정겹던 그날들의 따스한 향수가 서려 있는 팔공산 언저리를 영원히 잊히질 않는다. 대구를 떠나온 지 어언 사십 년 세월. 강 따라 바람 따라 이어진 나의 가슴은 먹먹하다. 세월의 흔적은 시가 되고 수필이란 강물로 이곳까지 흐른다. 간절히 글을 쓰고 싶어질 때 비로소 내 작은 존재의 이유를 느낀다. 의미는 깊고 울림은 더욱 크다.

인생의 결핍을 채워 주는 건 글을 읽고 쓰며 느끼는 희로애락이다.

가을 향기가 솔솔 산바람에 묻어온다. 그 바람은 외로움과 그리움까지 함께 실어 왔다. 침묵 가운데 마음의 고독을 별밤에 다 내려두고 토실토실한 알밤을 줍는다. 알밤 한 알 이로 쓰윽 까서 오도독오도독 씹는 생밤이 옛날 그 맛이다.

숲에서 나뭇잎들이 몸을 부대끼며 들려주는 화음이 감미롭다. 쓸쓸함과 외로움이 스며왔다.

억새가 춤을 추고 홀로 걷기에 더없이 좋다. 가을이 녹아든 한 폭의 수채화 같은 길이 퍽 낭만적이다. 아름다운 머리를 노랗게 물들인 듯 단풍이 곱다. 가슴에 담아가야겠다.

섬세함과 세심함 지혜의 힘은 어디서 나올까. 도란도란 밀어를 속삭였다.

시리게 저무는 이 계절 마음을 맑게 닦아 가라앉히고 삶의 고단함도 바람에 던져버려야겠다.

한 줄기 바람에 울긋불긋 나뭇잎은 낙엽비가 되어 쏟아진다. 결실을 맺기 위해 시행착오에 연연하지 않고 그냥 나답게 가을바람에 몸을 맡긴다. 좀 더 지극히 살뜰하게 살았더라면 하고 흡족하지 못한 현실이지만 그 자체로 아름다운 인생의 가을걷이리라. 삶의 가을걷이도 곧 해야 할 터인데 알곡을 내는 일련의 과정에 추위가 너무 시렸다.

계절이 끊임없이 시시 때때로 변화하듯이 나의 삶도 더욱 결실을 맺어야 될 터인데 걱정이 앞선다.

집으로 돌아가는 밤거리는 오싹하다.

까르르 맑은 웃음소리가 언제 다시금 피어날지 알 수 없는 일. 인기척이 없다는 것에 덤덤한 척하지만 마음은 많이 무뎌졌다.

팔공산 숲속에서 말간 얼굴은 편안함을 되찾았다. 내 마음의 그릇에 자연의 소리도 깊다. 산이 높아 골도 깊은 그 가을이 내 마음에 그득하다. (2017.『시산』)

눈 오는 밤의 풍경

마치 하얀 꽃가루가 날리는 듯 작은 입자의 눈송이가 풀풀 날리며 첫눈이 세상으로 내려앉던 날.

친구가 나에게 첫눈이 내리면 뭐 할 거야? 하며 물어왔다. 글쎄, 첫눈이 와 봐야 알 수 있을 것 같은데 라고 했던 기억이 떠올랐다. 그 밤 나는 혼자 걸었다.

연말이다 보니 갖가지의 모임으로 분주한 나날들. 그 날의 장소는 경양식 식당으로 정하여 모임을 진행하고 있던 터다.

다들 특별한 음식으로 식사를 하자며 이구동성으로 의견이 분분했으나 나는 묵묵히 앉은 채로 불빛이 반사되는 창가로 시선을 던졌다. 가로등 불빛으로 창 밖 정원이 내다보인다. 눈발이 좀 전보다 예사롭지 않다. 실내는 안온하여 따듯한 온기로 가득해져 왔다.

붉은 벽돌로 벽면을 둘러싼 실내 분위기가 한결 따뜻하고 주인의 감각이 돋보인다. 바로 내 앞 벽면 가운데를 중심으로 군데군데 걸어놓은 크고 작은 액자들이 멋스러워 눈 내리는 이 밤이 더욱 좋다. 둥근 쟁반접시로 된 벽걸이는 보는 이의 마음을 더 편하게 해주는 듯하다. 직사각으로 된 탁자에는 냅킨, 티슈, 맑은 생수, 포크, 숟가락이 손님인 우리를 다소곳이 맞는다.

룸 한쪽에 빨강 노랑 분홍 연노랑 진한핑크 연초록 진초록을 띤 크고 작은 여러 색색의 장미가 멋스런 소재와의 조화로 화려하게 각진 모서리를 부드럽게 하여 한결 입맛을 되살아나게 하는 듯한 기분을 줬다.

이 시선을 옮겨 천장 네 개 귀퉁이를 보내 각각의 쪽에 붉고 신비한 빛을 내어 식사 분위기를 한껏 살렸다.

유리잔에 담겨진 생수는 그 날의 날씨 탓인지 차가워 슬그머니 밀쳤다. 회의를 마치고 문밖을 나가자 들어올 때와 다르게 대지는 물론 온갖 나무와 작은 정원에까지 감쪽같이 눈 덮인 하얀 세상.

마치 목화가 핀 듯한 온 세상이 솜처럼 포근하게 가슴으로 다가왔다. 살짝 만져 보니 착각일지라도 솜인 양, 아니 눈꽃이었으나 하얀 웃음으로 행복함을 느끼게 한 순간이다.

긴 시간이 아닌 불과 한 시간 남짓 정도의 잠깐 사이에 온 세상이 다 하얗게 동화 속 나라처럼 변해버린 동네. 하얗게 변한 눈길로 들뜬 마음 감출 길 없어 옛날을 회상하며 걸음을 옮겼다. 마치 안개 속을 헤치고 걷듯 자유를 만끽하며 가만가만 걷다가 눈 위에 멈추어 서기를 반복하니 마치 꿈속으로 걷는 것 같아서 좋았던 밤.

나는 빨간 털모자를 쓰고 빨간 오리 털 파카를 입고 하염없이 내리는 눈에 흠뻑 젖어 낭만을 즐기고자 걸었는데 내 이마에서는 물이 주르륵 흘러 내렸다. 눈이 이마에서 녹아 체온과 함께 싸늘히 식어 미간으로 흘러 내렸던 것이다. 고집스레 마냥 걷고 보니 덮어 쓴 털모자가 하얗다. 멈춰 서서 문득 보고 싶은 사람에게로 예고 없이 전화를 돌렸으나 역시 받지 않았다. 혼자 말없이 천천히 마음을 추스르려 애써 보았으나 이런 날에 더욱 공허함이 밀려와 난 겁이 덜컹 난다.

한참을 걸어 동네로 들어오자 늦은 밤 아파트 골목마다 아이들이 함성을 지르며 눈을 뭉쳐 눈사람을 만들거나 눈싸움을 하며 놀고 있는 밤의 전경이 옛날을 추억하게 한다.

공원의 하얀 벤치에 오늘따라 사람들이 아무도 없다. 쓸쓸함도 지우고 가만가만 눈 오는 밤의 서정만을 간직하고자 맘을 달래면서 버스정류소의 팻말이 붙여진 곳에 한쪽 어깨를 기대어 서 있었다. 길을 물어보는 이도 걸어가는 이도 없이 혼자 그 눈을 뒤집어 쓰고서 꿈쩍도 않고 기대있었다.

그러나 눈 오는 날이 꿈결처럼 포근하여 이 밤의 풍경으로 고이 묻어두고자 한다. 그리울 때 꺼내 느끼고 더듬어 나를 다독이리.

(2006.『문예학예술』 겨울호)

쉼

가을이 오면 기다릴 수도 없는 그리움이 뭉게뭉게 피어난다. 하늘이 높아질수록 까맣게 탄 내 가슴은 더욱 깊다. 세상에는 만날 수 없는 그리움이 얼마나 많은지 방울방울 먹먹해진다. 사는 게 뭐 별거인가 사소한 일상에서 지치면 지나가는 구름에 나를 맡긴다. 거창한 것보다는 단 며칠만이라도 틈을 내어 망중투한(忙中偸閑) 조용히 나를 위해 쉬고 싶을 때가 부지기수.

사는 게 바빠 앞만 보며 달려온 날들, 내가 꿈꾸던 삶은 아니지만 주어진 몫에 대한 대가로 책임 완수를 해냈다.

무더운 여름 땀과 수고로 맺은 결정물, 볕에서 땀과 노력 정성으로 오곡이 무르익는 결실의 계절, 뜨거운 고향의 푸름이 절정에 다

다른 산속 정적을 깨는 작은 참새가 조잘거린다. 그곳 숲에 와서 잰 걸음을 멈추어 작은 풀꽃들을 마주한다. 해는 서산에 걸려 있고 일렁이는 산바람에 걸음을 내맡기고 정겨운 흙길을 타박타박 걸었다. 활짝 웃으며 눈부신 가을 하늘을 올려다보는데 눈시울이 까닭없이 붉어졌다.

햇살 좋은날 첩첩산중 청정한 숲이 좋고 싱그러운 풀 냄새는 고향의 냄새로 다가왔다. 지친 심신이었지만 시원한 바람결이 내 머리카락을 흩뜨려 놓으니 피로가 싹 사라지는 듯 가벼워졌다. 삶을 곤두박질치던 시간들이 스치고 지나가는데 정신이 번쩍 들었다.

별들이 촘촘하게 하늘을 수놓고 그날 밤 숙소 창가를 무심히 내다보았다. 너무 고요하여 적막강산(寂寞江山) 큰 피정의 집만 덩그렇고, 어둠 속에 별꽃만 무수했다. 초저녁 적막을 타고 종종걸음으로 고단했던 내면을 토했다.

이튿날 아침별이 입장하니 대구 한티성지 신앙의 선조들 무덤 위에 빛이 내린다. 귀뚜라미 소리 산새들 소리 까치들이 퇴장한 그 자리 참새들이 날아와 배를 채운다. 우거진 숲속의 풍경과 새들의 보금자리 아름다운 가을 풍광을 보니 번뇌와 고단함까지 다 사라지는 듯했다. 가을바람 맞으며 고단한 가슴을 숲에서 탈탈 털어 한결 가벼운 느낌이다. 계절이 깊어지는 가을 산 기름진 땅 골이 깊은 산을 마치 다 품은 양 넉넉해 왔다. 뭉게구름이 두둥실 서녘에 거친 바람이 비를 몰고 올 징조다. 만상이 아름답게 익어가는 이 계절, 이왕 낸 시간 좀 더 쉬어가라며 고운 단풍이 손짓한다. 뒤를 돌아볼 기회도 갖고, 쉬엄쉬엄 한숨 돌리고 가다가 배고프면 돼지국밥 한 그릇 먹고 나서야지. 해 저물면 좀 더 쉬었다가 가야겠다. 바스락 낙엽소리와 형용키 어려운 고운 단풍이 가득한 시월의 어느 날, 멋진 또 하나의 추억을 간직한 채 조붓한 길을 따라 조용히 걸었다. 싱싱한 생명력 자장이 내 영혼에 스며든다. 그래도 좋은 걸! 두근두근 여전히 가슴이 콩닥거린다. 살아 있는 재미다.

(2017. 『시산』)

잃어버린 시간들

나의 마음엔 지금 비로소 평온한 평화가 머물고 있다. 스스로 자책을 하고 아파하며 뼈를 깎는 아픔을 수십 년간 겪었다. 겉모습을 포장하여 행복한 척 위선의 삶을 살아 왔다 해도 과언이 아니다

두 아들의 엄마로서 무조건적인 사랑으로 밝게 키우고자 애썼다. 고뇌와 상처와 아픔들을 아들에게 들키고 싶지 않은 솔직한 어미의 심정이었다.

부끄럽게도 나는 친정어머니의 큰 사랑을 알지 못한다. 그리고 지고지순하게 착한 딸로 어른이 되고 중년이 되었다. 상처와 슬픔 미움이 아직 내 작은 마음 안에 세 들어 산다. 늘 발가벗겨진 삶 씁쓸하고 부끄럽다.

적잖은 세월의 굴레를 뒤돌아보니 올가미에 묶여 실수투성이로 살아온 날들에 회한이 밀려온다. 잉태부터 시작하여 나의 인생은 그다지 평탄치도 행복하지도 축복받은 운명이 아니었음을 지면을 빌어 벗는다.

그야말로 세상에서 가장 아름다운 엄마의 따스한 온기와 사랑이 기억에 없다. 큰 비극이자 슬픔이 아닐 수 없다. 이것이 어쩜 오늘날까지 가슴앓이의 실체였는지 모른다.

만남은 우연히 아니라지만 부모 자식 간에도 소중한 인연이 있고 잘못된 인연도 있음이다. 첫 단추 잘 못 끼워진 세상살이로 사는 동안 내내 고통을 감내해야 하는 법. 이를 두고 흔히들 업보 또는 팔자, 운명이라고 아무렇지 않게 말한다. 짧은 인생을 사는 내내 엄마와의 애정 깊은 삶의 스토리는 나에게 없다. 정말 슬픈 일이 아닐 수 없다.

혼인생활로 맺은 인연도 끝까지 해로에 다하지 못해 죄인 같은 심정이다. 고단한 고뇌의 길을 헤맨 부끄러운 내 삶이다.

운명의 사신은 그를 끝까지 내버려 두지 않았다. 무어라 일일이 열거할 수 없는 캄캄한 나락의 길을 걸어야 했던 지난날들의 고단한 기억들.

산산조각이 나버린 가족이란 울타리를 수습하며 참으로 막막했던 날들이 흘러갔다.

수많은 날들 중에 하필이면 그 시점에, 둘째가 대학을 가면 기꺼이라는, 오랫동안 서슬 퍼런 칼을 품은 한. 그 일을 알기라도 한 것처럼 순식간에 겨울 준비는커녕 우릴 두고 그는 돌아올 수 없는 강을 건너고 말았다.

부부의 인연으로 살아온 날들을 추억하고 회상해보는 날들이 잦다. 내가 함께 걸어온 길이 결코 아름답거나……. 순탄한 척 완벽하게 행복한 연기를 했으나 나의 보금자리는 슬프고 불안했다. 개과천선한 거듭난 선한 양이 되길 기도하고 기다리는 것이 내가 해야 할 최선책이자 전부였다. 경험으로 비추어볼 때 사내란 동물은 기대를 한다거나 쉽게 길들여질 수 있는 동물이 아니었다. 아첨도 애교도 자비도 3일이 지나면 또 원점. 다 비워진 상태로 있는 그대로를 인정하고 숱한 날을 포기하며, 채우기보다 버리기란 더더욱 쉽지 않았다. 어미로서 아이들을 어미 잃은 결손 가정의 자녀로 키우고 싶지 않았던 그 때 그 심정을 이제야 고백한다. 외로운 삶을 살게 하고 싶지 않은 그 신념 하나로 울타리를 지켜낸 결과다.

수많은 인연 중에 왜 나에게만 이런 고통을 겪게 하는지 그분께 수없이 질문을 던졌다.

거친 이 세상에 우릴 두고 혼자 떠났던 일. 몇 년간 나와 아이들은 한 달 집세 걱정과 이런저런……. 먹고 살기조차 힘들었던 날들, 그러나 나에게 주어진 냉혹한 운명을 인정해야 했다. 어느 날 차디찬 세상에 집도 없이 내동댕이쳐진 가족사. 뒤돌아보니 또 눈물이 핑 돈다. 호탕하게 웃는 내 모습이 좋은데, 울고 또 울어 가슴으로 흥건히 흐르는 눈물을 훔치며 짐승처럼 울어댔다.

울다가 웃다가 몇 년을 그렇게 덧없이 흘러갔다. 어느 날부터인가 나는 바보처럼 웃기로 마음을 바꿨다.

이 바보야! 슬퍼하지도 아파하지도 마, 시작하면 되는데 울긴 왜 울어 바보 등신. 이 바보야 하고 나를 달랬다. 하늘을 나는 새들도 그분이 다 입히고 먹이고 재우고 하는데 또 무슨 걱정이냐 이대로 살면 되지 라고 긍정으로 바꿨다.

또 시작하면 되지. 내 몸 하나 지탱할 수 없는 기운으로 힘을 내야 했다. 두 아들을 위해 혼신을 다해 인내해 온 수많은 날들. 어미가 쓰러지면 안 된다는 일념 하나로 버티어 온 삶. 헤어짐은커녕 그 모든 날들이 다 지나도록 이혼이라는 오점은 남기지 말아야 했던 혼인생활. 나 같은 바보는 어른이 될 때까지 친모의 사랑과 애정을 알지 못했지만 두 아들은 엄마의 사랑을 듬뿍 주어 구김 없이 키우려 희생을 자처했다. 설운 세월 혼자 가슴으로 흥건히 울어야 했던 그 수많은 세월이 야속하다.

훗날 노년이 되어 지난날의 고뇌를 아들들에게 고백하겠노라며 숱한 날들을 다짐하며 닦은 내 눈물. 누구나가 자식이나 타인에게 말 못할 아픔들을 가슴에 하나쯤 묻고들 살겠지.

그 후 몇 년이 흘렀다. 곪은 상처는 새살이 돋고 상처도 많이 치유가 되어 고난을 잘 견디어 냈다. 생채기가 많이 아물었으나 마음 속 치우지 못한 쓰레기들이 아직 남아 있다. 지금의 이 아름다운 사실을 위하여…….

한 남자와 혼인의 서약으로 맺은 사랑의 추억들로 인하여 가끔 잊고 살았던 분노가 들락거린다. 숨쉬기가 힘들 만큼 고통스런 과거들로 인해 뻥 뚫린 빈 가슴으로 산다함은 무어라 말할까. 성숙하지 못했던 22년간의 어설픈 혼인 생활. 도인도 아니며 예수님도 아닌데 짧은 지천명의 여정은 파란하다. 반 푼어치도 보잘 것 없는 나에게 따뜻한 손을 잡아준 은인들과 고향의 친구들이 있어 사람다운 삶이라 말할 수 있다. 밑바닥의 삶을 사는 나를 위해 기도해주는 이웃이 있어 견딜 만하다. 위로와 걱정으로 아파해주는 고향의 벗들이 얼마나 소중한가를 나는 안다.

내 삶을 함께 질책해 주는 이가 있어 정신을 차렸고 삶의 활력소로 나를 지킨다. 그러나 가족이라는 운명으로 엮인 친족과 자매들이 낮아진 나를 외면할 때 소외된 약자임을 비로소 인정해야 했다. 말없는 멸시는 내 탓임을 인정해도 허탈하기 짝이 없다. 만약 그대가 지금 행복하고 부를 누린다고 하여 영원한 것이 아님을 아는가? 함부로 해서는 될 일이 아니다.

혼인 생활 내내 부족함 없이 부를 누렸던 추억이 있었듯. 심한 가난은 내 인생 중 요 몇 년이건만 차라리 평화롭고 행복한 날들이었다. 곧 부란 영원할 수도 없고 가난 또한 영원 것이 아님을 알기에……. 그 아름다운 날들의 희미한 기억들. 목마른 나의 영혼에 그분은 늘 자비를 베풀어 주신다.

깊은 침묵으로 잃어버린 시간들을 보냈다. 나를 잃어버린 날들이다. 놓았던 펜을 다시 잡았다. 한 순간 허물어져 비천한 나를 다독이고 내면에 흐르는 아가페 사랑으로 승화시켜 웃고자 한다. "부를 잃음은 조금이요, 건강을 잃음은 다 잃는 거"라고 했지.

세상은 변했고 나도 변했다. 잎이 무성해 많은 이들이 내게 와서 쉬고 갈 수 있는 큰 나무로 남고 싶다. 고요히 일그러진 내 마음 속 어딘가를 본인의 동공으로 내 자아를 들여다보라. 어제도 오늘도 그저 감사한 하루하루다.

당신 하늘이시여 바보로 사는 나를 영원히 지켜주시리라 믿는다. 하여 어려운 이웃과 힘든 이들에게 희망이고 싶다. 아픈 마음 어루만져줄 줄 아는 따뜻한 사랑이고 싶다. 따스한 눈길로 소외된 이웃들을 안아주는 그런 자로 살고자 한다. 노을 피는 저 강 언덕에 하늘을 나는 한 마리 새처럼 삶의 무게와 고통 중에도 자유롭게 날고 싶어라.

행복 갈망

열심히 산다고는 했으나 삶은 내 생각과 사뭇 다르게 흘러갔다.

일궈 놓은 것도 없이 삶의 절반이 지났다고 생각하니 절로 다리가 풀린다. 곁에 소통하는 이가 있어 속내를 터놓고 고단함을 걱정해 줄 벗이 있어 함께 이 길을 걸었다면 만약 그렇다면 더 행복할 수 있었을 텐데……. 아쉬움이 남는다.

그것을 소망했던 날만큼 수양과 인내 가운데 일상의 소소함으로 더 단단해져 분명 더 가치 있는 위로를 얻을 것이리라.

삶의 무게가 버겁다고 걱정과 한숨으로 애태운다 해도 누구하나 덜어줄 이 없다. 가을 가고 겨울이라는 바퀴를 갈아 끼워서 또 오늘도 묵묵히 제 길을 걸어야 한다. 울퉁불퉁 길 가다가 흰 구름도 올려다보고 지치면 맛있는 밥집에서 허기진 창자도 가득 채워 갈 것이다.

사는 게 뭐 별거인가. 마음이 머무는 곳에 쉬었다 갈 일. 하루하루 흐트러진 마음 모아 수없는 일들 가운데 기쁨을 느끼고 평화를 맛본다. 인생 여정이 비록 거창하지는 않으나 따스한 가슴으로 온기를 나누며 묵묵히 걷는다. 걷다보면 말라버린 내 정서에도 잠시 여유가 찾아온다.

인기척만 들려도 가슴이 콩닥콩닥거리는 나는 간간이 매사가 두렵고 막막했다. 꽤 긴 세월이 흘렀으나 지금도 그러하다. 바쁨이 일상이 되어버린 자신, 어려울 때 은혜를 베풀어 준 천사들을 잊지 않으려 애쓴다. 그때의 손길들을 소중히 기억했다가 보은할 때도 있으리라.

지금의 내 삶이 쉴 틈조차 없이 십자가를 지고 신앙을 따라 가는 길임을 뒤늦게 깨달은 나, 살 길이었다. 탄식과 원망의 늪에 빠져 손사래를 쳐 봤으나 부질없었다. 불면의 날을 지새우며 지혜를 여쭈어야겠다. 복된 삶, 고민 끝에 결국 내 자신이 비우고 내려놔야 했다. 계획은 했으나 얻고자 하는 일은 가도 가도 끝이 보이지 않았다.

행복을 바구니에 담을 수 있다면 그것은 돈이 아닌 긍정적인 관점과 가슴으로 힘겨운 투쟁을 벌인 결과이다.

가끔 세상과 절교하고 깊어가는 가을 밤 별을 세며 살 수 있는 곳은 없을까, 사는 것이 녹록치 않은지 웃음에 인색해진다. 기쁘면 기쁜 대로 색다른 즐거움을 만끽한다. 하늘을 향한 작은 창문으로 별을 세며 단꿈에 빠지는 낭만을 느끼며 살던 때가 까마득한 그때가 그립다. 현실을 인정하며 사는 일이 수월하다.

삶의 그 어떤 처지와 방식 가운데 뚜렷한 해법은 없었다. 훌훌 털어 버리고 빛을 향하는 길이 내가 살길이다. 내게 온갖 사랑으로 바라봐 주던 그들, 자잘한 일들로 오르락내리락 이런저런 일 다 겪은 나의 과오들.

갖고 싶은 것들을 거침없이 쉽게 다 누린다면 이는 곧 불행의 씨앗임이 불 보듯 뻔하다. 내일 행복하기 위해 오늘의 희생과 역경이란 과정은 꼭 필요함을 늘 되뇐다.

행복을 추상화시키며 마치 무분별한 쾌락과 흥청거림으로 방종을 일삼는 이들이 허다하다. 그리 살아서는 아니 될 일을 모르고 왜 자신을 들볶을까? 오직 돈과 명예가 전부인 양. 이러한 잘못된 생각이 소중함을 잊게 한다. 시대의 변전에 따라 자신을 항변하듯 사랑은 쾌락으로 돌변하여 절망에 가까운 심연(深淵)에 빠져 허우적댄다. 변질되어 있는 시대의 흐름에 내 가슴이 아프다.

행복은 사랑관계에서 얻어지는 고귀한 것이다. 연인과의 사랑. 부부와 자식 간, 형제자매, 이웃들과의 돈독함이 없으면 세상은 암

흑과 같은 어둠이다.

좋아 죽겠다는 순간적인 달콤한 감정은 어쩜 책임감이 없는 감동. 그 책임을 인식한 순간의 쾌락이 행복이 될 수는 없다.

아름답게 살고 아름답게 죽는 연습을 하는 여정 가운데 삶의 모든 희로애락이 담겨진 것이다.

허물투성이인 나도 잠 못 들고 뒤척인다. 경험에 비추어보면 로또처럼 거저 주어지는 것은 하나도 없었다. 좋아할 이는 없겠지만 모든 이가 역경을 마다한다.

부부로 살면서 서로 신뢰와 믿음으로 양보하며 옥죄던 나의 순간순간들, 행복은 두 손 꼭 잡고 세월과 함께 손아귀에 힘을 주어 필사적으로 견디고 버텨 희생이 뒤따라야 될 일이었다.

젊은 남녀의 달콤한 쾌락은 일순간이나, 일생을 살면서 인내를 통한 순간들이 쌓이고 쌓여 소설과 같은 행복한 인생이 되는 것이다.

용서가 그리 쉬운가?

처음이라는 각오로 생의 새로운 전환점에서 다시금 거듭나려 갖은 진통을 참는다. 주어진 난관들을 의연하게 긍정적으로 일을 처리한다면 만사형통일일 것이다. 반평생을 더 살았으나 다 큰 아들 둘뿐 가진 것이 전부다. 삶이 나락으로 추락하고 보니 부끄럽기 짝이 없다. 추락한 날개로 쉽게 날 수 없음을 아는 처지이다.

향기 나는 일에 종사하며 사는 일이 얼마나 보람인지 그저 감사할 따름이다. 어떤 바람에도 다시는 흔들리지 않으리라 다짐한다. 날마다 도를 닦는 각오로 무지한 나를 단단하게 다지는 작업을 하는 중이다. 삶의 여정에서 숱한 고뇌의 날들이 휘몰아 스쳐갔다. 고난이 덮칠 때마다 삶을 지탱해 주었던 버팀목 같은 두 아들이 곁에 있어 비로소 숨을 쉰다. 아들 둘은 내 삶 속의 살아야 되는 이유이다. 아들을 생각하면 견디기 힘든 그 어떤 수치도 참아낼 수 있어야 어미의 자격이 있다. 화려했던 지난 날은 한낱 추억에 불과할 뿐 이젠 삶의 가치관을 전환해야 할 시점인 것이다.

자아실현을 향한 또 다른 세상살이, 사력을 다해 남은 삶을 살뜰하게 가꾸며 살 것이다. 가끔 가슴 설레는 일이 생긴다면 더 좋겠다. 가질 수 없는 건 탐하지 않으려 한다. 힘이 들 때면 허약해진 내면을 추스르고 점검하면서 기도해주던 고마운 벗들을 생각하며 자존감을 키워 의연하게 나를 믿고자 한다.

삶의 연륜에서 터득한 지혜를 가끔 요긴하게 양념으로 써 먹어야겠다. 절대적인 노력에도 불구하고 마이너스 인생과 쓰라린 치부와 수치심마저도 다 열어젖혀 발가벗겨지듯 쏟아 내었다. 지금 이 순간 나는 낡아진 내 몸을 다듬고 연마하여 삶의 예술가로 거듭나려 몸부림친다.

생각주머니를 긍정적으로 바꾸고 내가 달라져야 이웃도 사랑하게 될 것이며 살아남을 수 있음을 안다. 내 밥그릇에 또 다시 누군가 소금 뿌릴 훼방꾼이 없겠지만 고민의 흔적이 깊다.

다시 맛난 이밥 지어 일그러진 내 그릇에 담아 맛있는 찬으로 영양 풍부한 밥상 차려 초대하여 잔치할 그날이 언젠가는 오리라 믿는다. 미움이란 분노가 자꾸자꾸 쌓이면 독이 되어 내 몸속 구석구석 점령하고 만다. 좌절하고 방황하던 낡은 과거를 벗어나 정화(淨化)된 자로 변화되고자 한다. 몰락이란 비극은 힘들었지만, 생의 전환점인 지금보다 먼 어느 날에는 다 소멸되어 무아지경의 나로 돌아가고자 안간힘을 쓴다. 나를 괴롭힐 자 없고 엉망으로 얽혀질 일 없을 것이기에 무기력한 내가 아닌 새롭게 거듭나고자 자신과 타협하는 중이다.

22년간 인연으로 엮어져 살아온 날들, 세월 가는 줄 모르고 여기까지 이르렀다. 친족들과의 얽히고설킨 관계를 뒤돌아보니 옥죄는 가슴을 쥐어뜯는다.

세월 앞에 장사가 없거늘 저만치 겅중겅중 지나갔다. 짝 잃은 외톨이로 살아가기란 결코 만만치 않다. 아마추어를 겨우 벗어나려던 찰나에 닥친 절망의 비극적인 상황이 몽매하기만 하다. 멈춰진 정지선, 갈 길이 아득하건만 헝클어진 채 혼미한 정신으로 절망의 무한궤도로 질주한다. 언제부터인가 난 처절하게 아프다며 통증을 호소했다. 관용의 한계를 넘어 분노가 육신을 병들게 했다. 인간관계의 갈등들을 굽이굽이 지혜롭게 잘 넘기며 살았다고 생각했으나 착각이다. 생각이 넘쳐 변비가 걸렸으며 이로 인해 독소가 몸 안 가득 쌓여 시름시름 앓으며 인간 구실을 못했다.

나도 모르게 내면은 서서히 병들고 망가졌다. 분노로 절규하는 자아를 겸손한 자세로 다스리고자 했으나 사람이 하는 일이라 무엇인들 순조로울 리가 없다. 각 인간의 감정과 인격은 다 소중하다. 그러나 내 안의 분노는 견디지 못할 짐승 같은 울음이었다. 수습을 하지 못하고 늘 원점을 맴돌았다.

쌓인 과거를 짐 지고 있다는 사실을 통감했다. 은둔의 생활로 시야는 점점 좁아졌다. 사람들을 피하는 단절된 삶.

척척한 가을비를 맞으며 어디론가 나섰다. 삶은 쏜살처럼 지나갔다. 하루하루는 불안하여 더디고 더디어 곤하다.

찜통 같은 무더위 한가운데 분별없는 무지로 머물고 있던 나를 발견했다. 혹독한 겨울 가고, 봄날도 갔다. 여름 한가운데 서 있는 연약하던 한 여인은 비애와 화려함 희로애락으로 얼룩진 생의 제2막을 내렸다. 비로소 무대 뒤에 숨겨두었던 제3막 엄마라는 타이틀을 내걸고 공연 중. 비애와 실패가 결코 내놓고 자랑할 만한 일은 아니나, 어미는 결코 헛되이 살지 않았다는 교훈을 두 아들에게 유산으로 주고 싶다. 비극의 주인공으로 전락된 이 실패가 내 아들에게 값지고 든든한 생의 길잡이가 될 것이라 믿는다. 지금의 이 치욕과 참담한 치부쯤이야 무슨 생의 걸림돌이 되겠는가?

홀로 외로이 짝 잃은 그녀의 인생처럼 반쪽의 낮달이 내 눈 앞에 빤히 걸렸다. 저 산들의 겸손하고 의연한 자태로 딛고 일어나면 해를 품어 감사할 그날이 올 것이므로. 내재된 충만의 어떤 것이 나를 지탱해 줄 것이라 믿는다. 너른 광야에 홀로 꿋꿋이 행진하고자 한다.

머릿속엔 여전히 울렁울렁 현기증이 인다. 스스로를 위로하고 꿈을 가지라며 최면을 걸어보지만 여전히 목마르다. 채워지지 않는 갈증은 무엇으로 해소해야 하는지. 속앓이는 창조주께 의탁하며 잠자리에 들어야겠다. 속내를 털어 서로의 고민을 함께 풀어나갈 동행자가 없다는 것이 이토록 쓸쓸하고 허전하다는 것을 예전엔 미처 몰랐다. 비록 서로의 체온은 없지만 내 영혼과 교감하고 소통하며 숨을 쉰다.

빈 가슴 보듬고 그이와 함께 했던 날들을 돌이켜보는 날이 늘었다. 늘 말없이 넉넉하게 웃어주던 그리운 남자. 과거에 소유하고 누리며 살았던 때에 내 이웃과 형제들에게 거들먹거리지는 않았는지. 간교한 내 혀를 함부로 내돌려 상대에게 상처를 주지는 않았는지 반성해 본다. 곁에 없는 그에게도 용서를 청한다. 내 안에 있는 오만들이 거울 보듯 빤히 들여다보이는 듯하다.

아무리 미워도 일흔 일곱 번이라도 용서하라 하신 말씀을 되새김하며 살리라.

친정어머니가 이승을 떠나신지 이제 2년. 예기치 않게 일생 감추어진 출생의 비밀을 이제야 우연히 알았다. 비로소 왜 딸아이를 모질게 남 보듯 했는지 그 미움의 이유를 이 불혹의 나이 끝에 이제야 알았다. 내 타고난 운명(運命) 탓? 베갯잇 적시는 가슴앓이를 하며 살아왔다. 그랬다. 태중에 있을 적부터 원치 않은 회임을 독한 약초를 끓여 먹으며 없애려 하였다. 그러나 죽지 않고 모진 목숨 붙어 명 길게 살아 세상 밖으로 나왔다. 뒷동산에 올라 수차례 낙태를 시도했었으나 질긴 목숨으로 태어난 운명. 불청객의 등장이 얼마나 미웠을까? 울 엄마는 내게 계모처럼 늘 따뜻한 눈길조차 주지 않았다. 또 안겨 어리광부려본 기억이 없다. 잡초처럼 질긴 아가가 나이가 들어 어른이 되어서도 늘 설움이 너울져 미웠다. 이제 곧 지천명의 나이에도 어미 사랑을 목말라했던 자식을 두고 이승을 떠난 당신의 영혼이 더 불쌍하다. 죄의 멍에로 어찌 눈 감으셨을지? 이해는 한다지만 어미의 품을 그리워하던 여식도 늙는구나.

한쪽이 늘 시렸다. 몸부림치고 절규해봐야 모든 것은 헛되고 허무함뿐이다. 태중의 상처로 오늘날 나로 옭아매온 것은 아니었는지? 아가는 성장하고 어른이 되어서도 끝 모를 욕망에 이끌려 헤맸다. 이젠 미움의 싹을 용서라는 말로 내려놓으련다. 마음 안에 맑은 생수를 가득 채워 고요한 맑은 마음 밭에 좋은 자양분으로 사랑의 싹을 틔워야겠다. 용서란 말은 쉬우면서도 어려운 숙제임에 분명하다.

날 아끼고 사랑하며 고락을 함께한 그, 이승이 싫어 날 배신하고 떠난 그이도 용서하리. 가장 가까우면서도 가장 많이 힘들게 했던 모태와 남편으로 맺은 두 인연 악연으로 엮어졌으나 미워해서 뭣하랴. 좋은 인연으로 만나 알콩달콩하던 기억만 하고 평안히 영원한 안식을 누리기를 빌 뿐이다.

갈무리하듯 꼭꼭 눌러 담아 재워서 돌고 도는 돈 세상에 임이 못 살다간 것까지 신명나게 살 것이다.

마음 집이 고요한 절간처럼 너무 적적하여 그리움만 더 짙다. 살면서 적당한 외로움은 사람을 센티하게 하여 좋다지만 임이 곁에 없는 불안한 세상에서 쉽게 벗어나지 못한다. 수많은 경험들을 토대로 진정한 삶 그분이 함께 하면 결코 외롭지 않을 것이다.

(2008.12)

세월의 흔적

세월이 얼마나 흘렀는지 뒤돌아보니 벌써 피하고 싶은 60대가 코앞에 왔다.

예쁜 아가 천사로 내 품에 안겨 행복했던 기억이 새록새록한데, 사랑스런 천사는 나에게 웃음을 주고 행복을 주었는데 그 두 아가가 커서 어른이 되었다. 두 아들을 낳았던 34년 전의 일들이 주마등처럼 스치고 지나간다. 희로애락을 다 느끼고 즐기며 자식 키우는데 최선을 다했던 시절이 지나고 희로애락을 함께 했던 동행자도 떠났다. 나는 외로움에 멍해질 때가 종종 있다. 사력을 다해 달려온 길 불현듯 다가올 '예순', 멋쩍은 나이다.

난 아직 꿈을 꾸고 있는 나이 인 것 같다. 그 언제쯤 오롯이 나를 위한 삶이 찾아올까? 나름대로 홀로서기를 했다지만 나를 위한 삶은 없었다. 열정도 사라지고 말수는 줄어들고 벌어 놓은 돈은 없어 온통 두려움뿐이다. 어떻게 긴긴 세월을 혼자 살아야 하나 무슨 재미로 살지?

현대를 살고 있는 우리들은 어떠한가? 이웃을 모르고 산다. 밀폐된 사각의 공간에 갇혀 살면서 앞집 옆집에 누가 사는지도 모른다. 승강기에서 마주쳐도 누가 누군지 모른다. 삭막하여 숨이 막힐 지경이다. 본래 이웃은 나하기 나름이라 했지

본디 사람이란 준 만큼 베푼 만큼 받기 마련이다.

내 안이 인색하면 좋은 이웃을 둘 수 없다. 그는 걸핏하면 사람들을 집으로 끌고 왔다. 숱한 날 주안상을 차려 잔치를 벌이고 도저히 이해하기가 어려웠다. 그의 회사 동료들의 술값이며 식사비를 혼자 감당할 때 무던히 괴로웠다..

수많은 날들을 까치눈으로 악역을 하며 지켰기에 그나마 돈이 새는 것을 좀 막을 수 있었다. 그는 유난히 벙글벙글 웃으며 지인들을 맞이했다. 그저 지켜봐야 할 따름이었나. 타고난 천성이 착해서인지 물앙태수여서 인지 함께 동반자로 사는 게 쉽지 않았다.

주변인들은 사람이 좋다며 참 많이도 들끓었다. 나하기 나름이라지만 욕심이 지나치면 이웃이 생기지 않는다. 좋은 이웃을 두기란 쉬운 게 아님을, 먼저 베풀고 뿌린 대로 거둔다. 콩 심은 데 콩 나

고 팔 심은 데 팥 나지만 혼자 있는 시간이 싫다. 그 순간 혼자 해야 할 일을 제외하고는 이웃과 벗이 있어야 난 좋다. 혼밥, 혼술, 혼영 나는 괴롭다. 나는 참 별종인 듯하다. 요즘은 다 돌싱족, 싱글족, 졸혼족도 많아 점점 홀로 사는 독신족도 많은데 나는 왜 싫은지 모르겠다.

우리나라 네 집중 한 집이 혼자 사는 독신족이라니 나를 비롯해 오롯이 혼자 죽을 수도 있다. 혼자 죽어도 모를 일, 점점 고독사가 이런 거로구나 생각이 든다.

홀로 사는 소형주택을 원하는 경향이 늘고 있다. 생각만 해도 외롭고 쓸쓸하여 눈물이 난다.

나이가 들어가는 자체가 온통 두려움으로 엄습해 온다. 흔히들 물 흐르듯 살면 되지 무슨 걱정으로 전전긍긍하냐고 묻는다. 노령사회 시대, 노인 인구는 점점 늘고 수명도 길어지는데 난 어른들 세대처럼 되지 않으리라. 나름 로드맵을 따라 왔으나 자식들은 왜 노후 준비를 못했냐고 물을 것이다.

좋은 분 있음 재혼하라는 아들의 말이 무책임하고 잔인하게 들려왔다. 능력 없는 엄마는 자식에게 짐이로구나. 자책이 된다. 결코 짐이 되어서는 안 된다는 것이 어미의 심정이지만……. 늙지도 젊지도 않은 나이라지만 최선을 다해 살아 왔으나 난 이렇게 우두커니 오갈 데가 없구나.

나이들어 늙어감이 불행은 아닌데 사는 재미가 없다. 경제 행복 지수가 깡인 셈이다. 노후 준비 중 가장 큰 비중을 차지하는 돈이 많으면 행복해질까? 행복한 노후를 보내고 싶다. 돈만 있으면 모든 것이 다 해결된다고 한다. 고급 실버타운에서 살고 크루즈 여행하는 삶만이 결코 다는 아닐 것이다. 돈이 많은 부자보다는 돈과 정신적으로 궁핍하지 않은 자가 진정 행복한 부자가 되는 것이다. 재충전의 시간이 필요하다. 욕심을 버리고 자신에게 충실하자. 한순간의 빛이 인생의 영원히 반짝일 수도 있다.

난 가늘고 길게 느리게 살아야겠다.

봄의 향연

익숙한 두엄 냄새가 바람결에 와락 가슴으로 스민다. 산밭에 매화 향이 강바람에 나풀나풀 날아온다.

햇살이 참 따듯하다. 구불구불 들길 지나서 내 머릿속엔 고향의 언덕길이 강력한 이미지로 그려진다. 길섶에 핀 작은 풀꽃도 고향을 연상시키는 풍경이다. 아무런 준비 없이 나선 산길을 한참을 달려와 보니 매우 낯익은 따스한 봄볕 아래 와우 당을 가운데 두고 이산저산 비탈밭 곳곳은 나를 위해 무대를 펼쳐놓은 듯하다 .자잘한 여린 새싹들과 앙증맞은 야생화의 모습이 환하게 피어났다.

겨울을 이기고 촉촉한 대지 위에 움츠렸던 생명이 소담스럽게 돋아나 있다. 봄 오는 소리가 요란하게 들린다.

만물들이 움트는 봄날, 설레는 맘으로 양지바른 곳에서 꽃망울에 새움이 움트듯 나도 희망이 보이는 듯하다. 아지랑이 피어오른 들길, 고운 풍경 내내 먹지 않아도 행복하다. 이런 고요한 시간을 자주 만나고 싶은 소중한 순간이다. 봄이 움트는 들과 산길에서 그 고요함 자체에서 많은 것을 얻고 배우게 되는 소중한 시간이다.

재잘대며 피어나는 매화꽃이 마치 잘 튀겨진 팝콘들이 변신하여 다랑이 밭 매화나무 주렁주렁 달린 것 같다. 사랑스런 아가들의 고운 모습과 흡사 닮은 듯하다.

매화나무 아래 초록빛 양탄자를 깔아 놓은 듯 폭신하다. 연초록 풀밭에 잔잔히 곱게 수놓인 비탈밭. 아지랑이 피어나는 양지 녘 작은 풀꽃들이 방실대며 봄을 노래한다. 자연의 윤회생사(輪廻生死) 과정이 신비스럽다. 하얗고 보랏빛을 띤 작은 예쁜 별꽃, 점점이 꽃피운 풍경은 캄캄한 밤하늘의 무수한 별처럼 예쁘고 빛난다.

갖가지의 풀꽃들로 무리지어 꽃동산을 이뤘다. 하얀 실루엣으로 살랑이며 놀고 있는 작은 이름 모를 꽃들, 양지바른 그 산밭에 한데 무아 놓은 액자 속 풍경을 보듯 흥미롭다. 별꽃과 함께 친구가 된 제비꽃도 소곤거리며 봄을 노래한다. 아직은 강바람이 차고 강물마저 차디차건만 물가는 야생 꽃들로 지천을 이룬다.

청청지역인 곡성 다무락 마을 일대를 지났다. 겨우내 가두어 둔 텅 빈 마음은 솔솔 부는 봄바람에 이끌려 산골마을을 오르락내리락 비포장 길로 흙먼지 일으키며 달렸다. 허허로운 마음을 때 이른 봄의 정취로 가득 채운다.

북소 약수터에 들러 시원스레 목을 축였다. 봄을 닮은 어린 쑥 얼굴도 쓰다듬어 본다. 강가 버들가지에 연두색 봄이 앉아 길손을 부른다. 개나리도 노랑 저고리를 입어 봄이 맘껏 화사하게 펼친 때 이른 풍경이다. 낯선 산골마을로 들어가 고요하고 평화로운 고향의 봄, 낯선 이의 발길을 반겨준다.

삐뚤빼뚤 지난 가을에 씨 뿌린 보리밭 잘 일궈놓은 전형적인 시골 마을. 후미진 곳을 찾게 되는 연유는 고향이 많이 그립고 옛것에 대한 향수가 가득하기 때문이다. 사람마다 다 이런 그리움 하나쯤을 가지고 살지 않는지?

골짝을 지나 산을 넘고 재를 넘어 첩첩산중 임도(林道)를 따라 털컹이는 길로 올랐다. 세찬 바람 불어대는 산마루에 차를 멈췄다. 산마루엔 아직 겨울이었다. 푸름이 없는 헐벗은 나뭇가지 사이 아래로 보이는 꾸불텅한 산길들, 예전에 미처 발견할 수 없었던 무수한 길들은 마치 산의 동맥 같다. 산 위에서 아래로 옆에서 옆으로 끝없는 길들이 무수하다. 오싹 소름이 돋는다. 마치 인체의 신비를 보고 있는 듯하다. 산을 오르지 못해 안달이 난 사람처럼 차로 등산을 하고야 말았다.

인적 드문 산 위에서 내려다 본 풍경은 기찻길, 큰길, 작은 길

모두 실선 같다. 산 아래 어느 낯선 집에서 겅겅 짖어 대는 개 울음소리가 산마루까지 들려왔다. 찬바람 소리에 바스락거리는 나뭇잎소리도 예사롭잖다. 가슴에 쌓인 노폐물을 바람에 비우고 맑은 공기로 폐부 깊숙이 가득히 채워 다시 시동을 건다. 올라온 반대 길도 여전히 비포장도로로 덜컹거리며 차는 느릿느릿 황소걸음이다.

붉은 색 층층이 나무들 꼿꼿이 하늘을 떠받듦은 자연이 주는 충만이다. 내려오는 길마저 험했다. 그래서 후미진 길모퉁이에 차를 세워 하얀 엉덩이 내밀고 시원스레 오줌보시까지 해댔다. 세상 구경 다한 사람처럼 상큼하고 청량하다. 산속 바람결이 평안하다. 산속 에너지가 내 온몸 구석구석 스며들어 마음이 고요하다. 산을 헤매고 다닌 결과인가 계곡 물처럼 머릿속이 시원하고 매우 맑아졌다.

하산 길, 산골 오두막집에는 매화가 봄을 머금어 오동통하다. 동화에서나 봄직한 아름다운 두메산골 마을을 지나다 보니 어릴 적 고향처럼 포근하여 아쉬움만 남아 발길이 떨어지지 않는다.

긴 침묵으로 무명의 혜택을 덜 받은 산에서 하산하자 현실이 달라 보인다. 내가 자연을 닮아 가려는지 세상이 아름다워 보인다.

사색의 숲

고향을 생각하면 늘 푸근하고 정겹다. 흙냄새를 맡으며 지천에 널려있는 온 산과 들판을 뛰 놀던 어린 시절 순박한 심성으로 생각하는 성(城)을 쌓아온 세월이 길다.

봄빛처럼 눈이 맑았던 아이 적 시절을 떠올리자 동심(童心)이 꿈틀 댄다. 한동안 잊고 살았으나 오래되어 허름해진 추억 속 옛 기억들을 상기시켰다. 졸졸 흐르는 개울물 소리, 재잘대는 참새 소리, 바삐 탈탈대는 경운기 소리, 골목 안의 활기차게 뛰놀던 아이들의 함성, 그 정겨운 소리는 삶의 활력을 주는 희망의 기적 소리이다.

삼복더위를 비집고 가만히 우정의 향기가 와락 가슴에 안겨오는 듯하다. 함박웃음으로 즐거워했던 동산위의 언덕길, 하얀 능금 꽃이 곱게 핀 고향의 그길. 옛일들이 세세히 더욱 생생히 연기처럼 피어나 아득한 학창시절의 낭만이 그립다.

초등학교가 개교된 지 벌써 100년이 되었다니, 신녕(경북·영천)이라는 지명이 시대적으로 소중한 정신과 문화의 흔적이 이뤄낸 경사로운 일이다. 진한 세월의 먹빛과 헤아릴 수 없는 우리들의 흔적이 고스란히 묵혀 달관된 모습으로 터전을 지켜왔으리라. 모교의 100년을 팔공산 정기로 인간의 숲을 지켜낸 우람한 그 한 그루 거목(巨木)에 비유하고 싶다. 우리들의 과거를 안고 든든한 버팀목으로 희망의 등불이 되어준 산교육의 현장이자 고향의 근원지임에 틀림이 없을 터.

그 시간을 우리의 잣대로 함부로 평가할 수 없으며 큰 어른을 모신 듯 숭고하다. 긴 세월동안 온갖 역경을 견디어 겸손의 미덕이 지켜낸 우리들 자취이자 흔적이 자랑스럽다. 내가 졸업한 서부초등학교는 많은 동문들과 지역민들의 회한과 애환을 뒤로하고 침잠되어 아쉬움만 남긴 채 허망하게 역사 속으로 묻혀버렸다.

춥고 매서운 바람을 가슴 가득 안고서 어찌 그 먼 시오리길로 학교를 걸어 다녔는지? 작고 여리어 수줍기만 했던 무지랭이 유년은 이렇게 늙어간다. 자연과 함께 벗하며 성장한 소년소녀들은 이제 나이가 들어 먼저 고인이 된 벗들도 많아 만감이 교차한다.

무지(無知)한 내가 글을 쓸 만큼 자질도 이뤄낸 일도 없이 여기까지 왔다. 고뇌의 흔적만 역력할 뿐 그 소녀는 많이 부끄럽다.

다시금 들뜬 가슴 열어 학창시절을 더듬어 반추하여 회고하자 동심이 들끓는다. 적잖은 나배기를 인정해야 할 시점. 그렇다면 삶의 어디에 머물고 있는지 속절없이 세월만 허비하지는 않았는지 자신을 되돌아본다.

이제 세상을 달관할 나이가 된 건지 삶의 고비를 수차례 넘어 응축으로 다져진 마음 밭. 이보게, 벗들! 세상사 내 의지와 뜻대로 움직여지던가? 어떻게 사는 것이 옳은지 정답이 있는 것도 아닌 것이 본래대로 되돌아갈 수도 없으므로 스스로에게 위로할 뿐이다.

기차의 기적소리와 함께 산골 소녀의 마음도 그 끝없이 달리는 기차처럼 넓은 세상 속 치열한 우주를 헤매며 진리를 찾아 여기까지 왔으나 그저 혼미할 따름이다. 그 알량한 앎도 발가벗겨 실체를 드러냈는데 이제 또 무엇이 두려우리.

희비가 엇갈리는 희로애락 가운데 나의 오만과 무지는 겸손이란 자세로 나라는 존재 자체를 온전히 내려놓고자 한다.

나를 비롯하여 초등학교 100년 동안 졸업한 학생 수를 다 모아 인간 띠를 연결한다면 참으로 소름 끼칠 일이다. 초롱이던 두 눈들을 상상해보라. 반짝이는 눈의 광기에 놀라움을 금치 못할 일이다.

동창회를 생각하면 나는 너무 좋아 피식 웃음이 터진다. 손꼽아 기다려 열일을 제치고 고향 벗들을 만나러 달려간다. 그들과 함께 한바탕 웃음으로써 나 나름대로 에너지를 충전한다.

나도 이 시대의 한 가장으로서 시대적 아픔에 부응해야 했다. 그 어디에도 기댈 수조차 없는 난간에 서 있는 여인의 삶. 하루하루 삶에 지쳐 버거울 때 더 위축되어 고향의 막연한 그리움에 가슴이 더워질 때가 많다. 나약하고 힘이 없을 땐 빛 고운 날의 흑백 추억이 저만치 아련히 되살아남아 숨쉬고 있다는 증거이며 희망이리라.

오래된 고목처럼 수많은 아이들의 함성으로 나부끼는 고향의 언덕. 어려울 때 지켜줄 수호신 같은 마음의 고향이다. 기억할 순 없으나 추억 속 여행은 더더욱 애틋하여 그립다. 무척 부산스런 우리들의 모습, 가을 운동회가 열리는 광경은 아이들의 힘찬 함성으로 활기차고 큰 감동을 주었고 지금도 귀에 쟁쟁하게 들리는 듯하다.

어린 악동들이 공부하고 뛰놀던 어머니의 품 같은 따스한 우리들의 푸르던 교정. 그리하여 다들 반듯하게 성장하여 사회의 중요한 일자리에서 잘 살고 있음은 유서 깊은 모교의 은덕이리라.

누구나 지쳐 힘에 겨우면 고향이란 향수병이 틈을 비집는다. 고향이란 그리운 언덕이 전해주는 격려와 따스함이 메마른 나의 마음밭에 배어 저절로 넉넉해진다. 세상에서 갖가지의 허물까지도 다 용서해 줄 것만 같은 그런 큰 어머니의 품 같다.

사는 게 무언지 저마다 가슴속에 풀지 못할 보따리 하나쯤 담고 살 것이다. 오랫동안 40년이 넘은 객지생활을 하다 보니 가슴 한 곳은 늘 서늘하다. 요즘은 먹을 것 입을 것 볼 것 넘쳐나 물질적으로 풍요를 누리지만 그때의 우리들은 먹을 것 입을 것도 많이 부족했던 시절. 지난 사십 년 전으로 거슬러 문화혜택을 거의 못 받고 자라온 유년 시절 먼 시오리 신작로를 걸어 학교를 다녀야만 했으므로 고충이 매우 컸다.

아궁이에 장작불 피워 무쇠 솥에 밥을 해먹었던 시절. 곰곰 생각해보니 벅차고 아련하여 그리움만 더하다. 때 묻지 않고 순수했던 아이 적 모습을 스케치해 보면 다시금 벅차고, 삼삼오오 모여 깔깔깔 까르륵 웃음보따리 피우던 시절 생각만 해도 화사한 미소가 번진다. 수줍음 많던 맑고 고운 그 시절로 다시금 되돌아갈 수는 없으나 문득 많이 그립다.

흘러간 세월만큼 나도 늙어간다. 옛 시절의 구성진 노랫가락을 젓가락 장단 맞춰 한껏 취해 밤새 놀던 옛일이 아련하다. 꽉 낀 나팔바지로 폼 잡고 노래하고 싶어짐은 왜일까? 모두가 다 나 같은 심정일 것이다. 그리운 고향과 친구들을 떠올리면 우선 가슴이 찡하다. 오랫동안 객지에 머문 이들이 함께 공감하는 부분일 것이다.

이젠 나를 비롯하여 선후배들까지 모두 노년과 중장년으로 변한 세월의 골 깊은 흔적을 속일 순 없다. 이미 고인이 된 선배들과 친구들도 있다. 그러나 저승 가는 순서는 정해져 있는 것이 아니기에 운명에 맡겨야 할 일. 삶의 흔적을 고이 간직한 채 아름다운 노부부로 미소 짓고 서로 마주할 수 있는 인생 여정이라면 그보다 더 행복할 순 없을 것이다. 서로 나이들어 이 자식 저 자식 등쌀에 한평생 주고 또 퍼 줘도 빚쟁이로 살아야 하는 부모 자식 간 불평등한 관계. 자식이 있어서 어떤 고난과 역경에도 견뎌낼 수 있는 에너지가 생기기 마련이다. 자식이란 삶의 이유이면서 주름으로 이끄는 골 깊고 힘든 존재. 자식들 모두 부모 품을 떠나 빈 둥지를 지키고 산다 해도 자연의 순리를 거스를 순 없는 노릇이다. 다 아는 사실이나 자식걱정에 연연하는 우리들의 모습이 부모요 고향이며 인생 여정이로다.

인생길이 때때로 지치고 힘들어도 작은 행복을 누릴 수 있음은 축복이며 은총이다. 부모는 끊임없이 주어야만 하고 자식은 엄마에게 받는데 익숙해져 있는 끝이 없는 돌고 도는 삶. 그러나 죽을 때까지 짐 꾸려 모든 것을 주고받아도 결국은 텅 빈 마음뿐. 저승 갈 때는 무일푼 빈손인데 왜 그리 아등바등 하고 사는지 알다가도 모를 일이다.

고향의 농촌은 다 떠나고 빈농가들만 즐비하다. 도회지로 삶의 현장을 바꾼 사람들 이는 곧 변화하는 농촌의 현실. 도시는 인구가 밀집되어 사람의 숲 열기에 치이고, 차도 넘쳐나는데 소름이 오싹

돋는다. 화려한 조명은 거대한 인간의 숲을 밝힌 화려함이 찬란하여 놀라지 않을 수가 없다.

우리들은 다 내가 농부의 아들딸임을 잊고 망각과 착각으로 사는 것은 아닌지? 농촌이 살아야 도시가 사는데 농촌이 싫어 다 떠나고 이제는 빈농가들만 우두커니 지키고 있으니 참으로 우리 후손들의 미래가 난감하다. 자연과 더불어 사는 이들은 깊은 교감으로 햇빛과 바람 온갖 것이 충만하여 웃음마저 소박한 맑은 모습 볼 때 또 다른 부연(敷衍)이 필요 없다.

지금 고향의 농촌은 연로한 노인들만 마을 지킴이가 되어 있다. 농촌의 지킴이 어른들이 계셔서 갈 적마다 당신들이 반겨주시고 곁에 있어 주어 늘 흐뭇했다. 양친 부모님이 다 돌아가셨으나 왠지 당신들의 온기를 다시금 느끼고 싶은 여운이 무색할 따름이다. 내가 어릴 적 많은 농사일로 분주하고 활기 넘치던 욕심 없는 마을 어른들이 눈에 선하다. 고향가면 나를 반겨 줄 분들이 다 노령이시고 몇 년이 지나면 더 쓸쓸해질 고향이 아닌가.

그 옛날 봄에는 진달래와 복사꽃이 분홍빛으로 가득한 산과 들을 그렸고 여름에는 송사리, 가재 잡고 물방개 잡아 하얀 고무신에 담아 풀피리 필 릴리 불며 신나게 놀던 나의 어린 시절, 가을이면 억새풀 춤추는 오솔길로 도토리 줍고 벼이삭 까먹으며 황금 들녘 저녁노을마저 황홀해 하며, 겨울이 오면 썰매타고 털장갑 끼고 초가

집 처마 밑에 주렁주렁 매달린 고드름으로 칼싸하던 지난날, 깨끗한 맘을 간직한 추억 여행, 눈을 감고 가만가만 다양한 지난날을 반추해 보니 그리움이 변하여 눈물이 핑 돈다.

세상 살며 무슨 말이 그리 필요할까. 나만의 향기와 나의 인품을 소리 없이 풍길 수 있다면 참 좋으련만, 그리하여 더더욱 겸손하게 선후배를 존경하며 세상을 잘 갈무리 할 수 있기를…….

(2009.10)

관객 없는 무대

노을 지는 가을날 맘이 가는 곳으로 몸을 실었다. 싸늘한 바람결에 갈색 낙엽이 수북하다. 바스락거리는 낙엽소리에 미칠 것 같다. 가슴을 파고 적시며 부풀은 풍선같이 벅차다. 세상사의 오묘함에 나는 왜 시리도록 눈물이 날까. 허전한 빈 가슴 달래고자 맑은 상사(순천시·상사면) 호수가 보이는 곳을 향해 시원스레 내달렸다. 터질 듯한 답답한 가슴을 찬바람에 꾸둑꾸둑하게 말리고자 한다. 헛헛함과 그 답답함을 달래고자 마구마구 질주했다.

얼마 가지 않아 노을빛이 호수에 비쳐 황홀하게 찬란하다. 호숫가저만치에서 색소폰 선율이 울려 퍼진다. 검은 양복이며 점퍼 차림의 사내들은 맑고 싸늘한 저문 가을 어느 오후. 짙은 색소폰 연주로 나그네의 발길을 멈추게 했다. 가다 말고 멈췄다. 후미진 공원 구석에 갈색 낙엽만이 수북하다. 여인은 색소폰 선율에 그만 맘을 뺏겨 버렸다. 달궈진 가슴을 서늘한 바람 부는 그 벌판에 서서 거풍시키기로. 오가는 행인들이 차를 세운다. 관객이라곤 고작 몇 사람뿐이지만 선율을 토해내는 무대의 배경이 그림같이 고귀하다. 바닥엔 갈색 낙엽이며 등 뒤로 맑은 호수가 석양빛이 무대를 찬란하게 드리운다. 눈부신 광경 그 자체로 사로잡기에 충분하다. 허전함을 싣고서 그 음악 소리에 빠져든다. 관객 없는 무대 위에 나도 모르게 그 음악에 몰입하고 만다.

불덩이처럼 달궈진 가슴이 서서히 식어간다. 아이스크림이며 시원한 음료까지 벌컥벌컥 들이켰으나 식을 줄 모르는 가슴. 가을이 주는 쓸쓸함이 더 고통스레 다가왔는지 모를 일.

나에게 가을은 참 시련이 많은 계절이기에 더 쓸쓸하고 아프다 못해 몸부림친다. 내가 진정으로 아끼던 가족들이 고운 가을에 떠났다. 한 사내는 10월 7일, 또 한 사내는 5일 그리고 한 여인은 열흘 후, 시월은 나에게 슬픈 계절이 되고 말았다. 머리에 쥐가 내린다. 아무것도 생각하고 싶지 않다. 못 견디게 그리우나 만날 수도 없는 인연의 끝. 돌아온다는 기약도 없이 그렇게 내 곁을 떠났다. 애끓은 아픔을 그대들은 아는가? 깊이 잠든 그 영혼이 어찌 알거나? 이 좋은 가을날 임은 어디에도 찾아볼 수 없어 더 견디기조차 버겁다.

때때로 산다함이 쓰라려 온다. 누구나 다 죽는 삶이라지만 애달다 못해 미움이 짙다. 피가 끓어 절규하는 심정이라는 이 심정 누가 알 수 있으리. 사늘한 서녘바람이 일면 더욱 견디기 어렵다. 해 가지고 어둠이 내려앉아도 나를 다독여 줄 그가 없다는 사실이 점점 현실에 와 닿는다. 아프다 못해 쓰라리고 말조차 차마 뱉을 수가 없다. 가슴이 용광로처럼 더워져도 하소연 할 길이 없구려! 내 사람아. 견딜 수가 없을 땐 맘이 움직이는 데로 이끌려 나간다. 몇 시간 동안이고 사경을 해매며 에너지를 쏟아낸다. 이 좋은 계절 님은 어디에 있는지 천지사방을 둘러봐도 웃으며 반길 그 누가 없다는 사실을, 인정하고 살아야 함에도 불구하고 저릿저릿 설움만 차오른다.

색소폰과 자연의 선율은 감미로이 나를 포근히 감싼다. 따스한 솜이불을 덥고 잠자리에 드는 기분이다. 침잠해져 온다. 찰랑이는 잔잔한 호수가 나를 진정 시킨다.

쥐락펴락 산다함은 무엇일까. 인생사 허무함뿐일세. 곱게 물든 단풍잎이 슬픈 오감을 잠재운다. 까르륵 웃음도 그 안에 어떤 무게로 나를 짓누른다. 삶이 노하여 슬픔만이 있는 것이 아니다.

삶에는 갖가지의 희로애락이 있다. 삶은 드라마요 소설 같은 인생사가 아닌가. 누구나가 늘 행복하지만은 않을 것이다. 행복의 척

도는 무얼까. 어디에다가 동그라미를 그려야하는가 예스인가 노우인가? 나름대로의 기준이 있을 것이다. 삶의 가치 기준을 어디다 맞추냐에 따라 그 삶은 결정되어질 것이다.

따뜻한 밥 한 술 먹어도 그가 있어 행복했는데 한순간 그 행복을 박탈당하고 보니 제법 긴 시간 방황하며 헤맨다. 또 다른 행로를 찾아야 하는지 수학 공식보다 어려운 미스터리가 인생이 아닌지?

(2008 .11)

수필문학사 수필선집 / 453

손미경 수필집

소통의 창

2019년 12월 15일 초판 인쇄
2019년 12월 20일 초판 발행

지은이 / 손미경

발행인 / 강병욱
발행처 / 도서출판 교음사
편 집 / 隨筆文學社 出版部

03147 서울 종로구 삼일대로 457 수운회관 1308호
Tel (02) 737-7081, 739-7879(Fax)
e-mail : gyoeum@daum.net

등록 / 제2007-000052호

* 잘못된 책은 바꿔 드립니다. 값 12,000원

ISBN 978-89-7814-761-3 03810

이 도서의 국립중앙도서관 출판예정도서목록(CIP)은 서지정보유통지원시스템 홈페이지
(http://seoji.nl.go.kr)와 국가자료공동목록시스템(http://www.nl.go.kr/kolisnet)에서
이용하실 수 있습니다. (CIP제어번호 : CIP2019051211)

- 이 책은 문화체육관광부 전라남도문화관광재단의 출판비 일부를 지원받아 제작되었습니다.